轮机辅助设备运行数据收集及传输

● 周宏基 李聪 刘军 ◎著

中国商业出版社

图书在版编目（CIP）数据

轮机辅助设备运行数据收集及传输 / 周宏基，李聪，刘军著. -- 北京：中国商业出版社，2024. 9. -- ISBN 978-7-5208-3075-1

Ⅰ．U676.4

中国国家版本馆 CIP 数据核字第 20246BA371 号

责任编辑：王　彦

中国商业出版社出版发行

（www.zgsycb.com　100053　北京广安门内报国寺 1 号）

总编室：010-63180647　编辑室：010-63033100

发行部：010-83120835 / 8286

新华书店经销

廊坊市博林印务有限公司印刷

*

710 毫米 ×1000 毫米　16 开　12.75 印张　213 千字

2024 年 9 月第 1 版　2024 年 9 月第 1 次印刷

定价：58.00 元

* * * *

（如有印装质量问题可更换）

作者简介

周宏基，男，共青科技职业学院，教师/副教授。大连海运学院轮机管理专业，轮机管理研究生，研究方向轮机自动化。

李聪，女，现就职于共青科技职业学院，讲师。毕业于泰国博仁大学教育管理专业，硕士研究生学历，主要研究方向为轮机管理。

刘军，男，现就职于共青科技职业学院，助教。毕业于谢菲尔德哈勒姆大学国际酒店与旅游管理专业，硕士研究生学历。主要研究方向包括航运业务、国际邮轮乘务管理等。

前言

在船舶行业中轮机辅助设备的运行数据不仅是设备状态的直观反映，更是实现智能化管理和高效运营的关键。《轮机辅助设备运行数据收集及传输》一书，正是基于这样的认识，深入探讨了船舶轮机辅助设备运行数据的重要性，以及与之相关的数据收集、传输技术。本书从数据采集技术与传感器的应用出发，逐步深入到远程监测系统的设计、实时数据处理、数据传输与通信技术等关键环节。这些内容的全面介绍，旨在帮助读者构建一个完整、系统的数据管理框架。同时，本书也不仅仅停留在技术层面，还深入探讨了故障诊断、预测维护以及数据安全与隐私保护等前沿领域，充分体现了本书的深度和广度。本书不仅为船舶轮机辅助设备的数据管理提供了专业指导，更是相关领域技术人员和研究人员不可或缺的参考资料。通过阅读本书，读者将能够更深入地了解轮机辅助设备运行数据管理的最新技术和实践应用，从而为船舶行业的智能化发展贡献自己的力量。我们坚信，只有深入理解和掌握轮机辅助设备的运行数据，才能更好地优化船舶运营、提升管理效率，确保航行安全。希望本书能成为读者在探索船舶数据管理道路上的有力助手。

目录

第1章　轮机辅助设备运行数据的重要性 / 1

　　船舶轮机辅助设备的作用和功能 / 2

　　数据在辅助设备管理中的价值与意义 / 9

第2章　轮机辅助设备运行数据的应用与挑战 / 13

　　轮机辅助设备运行数据的应用 / 14

　　轮机辅助设备运行数据应用的挑战 / 23

第3章　轮机辅助设备运行数据采集技术与传感器应用 / 35

　　轮机辅助设备运行数据采集技术的发展历程 / 36

　　传感器在轮机辅助设备中的应用案例 / 50

第4章　轮机辅助设备远程监测系统的设计与实施 / 59

　　轮机辅助设备远程监测系统的概念与架构 / 60

　　远程监测系统在船舶轮机辅助设备中的实际应用 / 64

第5章　轮机辅助设备运行实时数据处理与分析 / 77

　　轮机辅助设备运行实时数据处理技术概述 / 78

　　数据分析在轮机辅助设备运行中的作用 / 88

第6章　轮机辅助设备运行数据传输与通信技术 / 99

　　轮机辅助设备运行数据传输方式与通信协议 / 100

　　在海上环境中的数据传输挑战与解决方案 / 115

第7章 轮机辅助设备运行数据传输故障诊断与预测维护 / 121

轮机辅助设备运行基于数据的故障诊断方法 / 122

预测性维护在轮机辅助设备中的应用 / 132

第8章 轮机辅助设备运行数据传输安全与隐私保护 / 141

轮机辅助设备运行数据安全与隐私保护的重要性 / 142

轮机辅助设备运行在数据传输与处理过程中的安全措施 / 149

第9章 轮机辅助设备运行数据管理与优化策略 / 163

轮机辅助设备运行数据管理系统的设计与实施 / 164

轮机辅助设备运行优化策略在数据应用中的角色与效果 / 176

致谢 / 187

参考文献 / 188

第1章

轮机辅助设备运行数据的重要性

在现代船舶运营中，轮机辅助设备发挥着不可或缺的作用，它们是确保船舶正常航行和船员生活舒适的重要保障。然而，随着科技的不断进步，我们逐渐认识到，这些设备的运行数据蕴含着巨大的价值和潜力。它们不仅能够帮助我们实时监控设备的运行状态，预防潜在的故障，还能为管理决策提供有力支持，优化资源配置，降低成本。本章我们将深入探讨轮机辅助设备运行数据的重要性。首先，我们会概述轮机辅助设备的基本概念及其在船舶系统中的关键作用。其次，将重点阐述数据在辅助设备管理中的价值与意义，包括如何利用数据监控设备的运行状态、进行预防性维护、支持管理决策，并探讨数据的安全性与完整性。

通过本章的学习，读者将能够更深刻地理解轮机辅助设备运行数据的重要性，为后续章节中深入探讨数据的收集、传输及应用奠定坚实的基础。让我们一同开启这段探索之旅，发掘数据背后的无限可能。

船舶轮机辅助设备的作用和功能

船舶轮机辅助设备作为船舶轮机系统的重要组成部分，指的是那些不直接参与船舶推进过程，但为主机和推进系统的正常运行提供必要支持和保障的各类设备和机械。这些设备在船舶的安全、高效运行中扮演着不可或缺的角色。无论是确保船舶动力系统的稳定运行，提高航行效率，还是维持船员的正常生活和工作条件，轮机辅助设备都发挥着至关重要的作用。因此，深入了解和正确维护这些设备对于船舶的安全运营至关重要。在接下来的内容中，我们将详细探讨船舶轮机辅助设备的种类、功能及其在船舶系统中的位置与作用。

一、船舶轮机辅助设备的主要作用

（一）支持主机运行

船舶轮机辅助设备在支持主机运行方面发挥着至关重要的作用。它们为主机提供稳定的能源供应，确保主机能够在各种海况和航行条件下持续、高效地运行。除了能源供应，辅助设备还为主机提供必要的冷却和润滑服务。例如，船用泵负责输送冷却水，确保主机的冷却系统能够正常运行，防止主机过热。同时，润滑油泵为主机提供适量的润滑油，减少主机部件之间的摩擦和磨损，延长主机的使用寿命。这些辅助设备通过精密的设计和高效的工作，为主机提供全方位的支持和保障，确保主机在船舶运行中始终保持最佳状态。此外，轮机辅助设备还为主机提供必要的辅助服务，如废气处理、噪声控制等。这些服务不仅有助于改善主机的工作环境，提高主机的工作效率，还能够降低船舶对环境的影响，实现绿色航行。总之，轮机辅助设备在支持主机运行方面发挥着不可或缺的作用，为船舶的安全、高效运行提供了坚实的基础。

（二）保障船舶安全和航行效率

船舶轮机辅助设备在保障船舶安全和航行效率方面扮演着至关重要的角色。它们通过协同工作，确保船舶的各个系统能够正常运行，从而提升船舶的整体性能和安全性。例如，消防泵和泡沫灭火系统在船舶发生火灾时能够迅速启动，有效地控制火势，保护船舶和船员的安全。同时，辅助锅炉和蒸汽系统为船舶提供稳定的蒸气供应，确保船舶在寒冷天气中能够正常运行，提高船舶的航行效率。

此外，轮机辅助设备还在船舶的操纵和导航方面发挥着重要作用。例如，舵机系统负责控制船舶的航向，确保船舶能够按照预定的航线航行。而雷达、GPS等导航设备则为船员提供准确的导航信息，帮助船员做出正确的航行决策。这些辅助设备的稳定运行和高效性能不仅提高了船舶的航行效率，还减少了事故风险，保障了船舶和船员的安全。

（三）维持船员生活和工作条件

船舶轮机辅助设备在维持船员生活和工作条件方面也起着重要作用。它们为船员提供了舒适的生活和工作环境，确保船员在长时间的海上航行中保持身心健康。例如，制冷装置和空调系统为船员提供了适宜的室内温度，确保船员在炎热的夏季和寒冷的冬季都能够舒适地工作和生活。同时，淡水供应系统为船员提供了充足的饮用水和生活用水，满足船员的基本生活需求。轮机辅助设备还为船员提供了便利的工作条件。例如，自动化设备减少了船员的手工操作，降低了劳动强度，提高了工作效率。同时，安全设备如救生艇、救生筏等也为船员提供了必要的安全保障，确保在紧急情况下船员能够及时脱离危险。这些辅助设备的存在不仅改善了船员的生活和工作条件，还提高了船员的工作积极性和满意度，进一步促进了船舶的安全、高效运行。

（四）环保与节能方面的作用日益凸显

随着全球对环保和可持续发展认识的加深，船舶轮机辅助设备在环保与节能方面的作用日益凸显。现代船舶轮机辅助设备在设计时充分考虑了环保因素，采用了许多先进的环保技术。例如，油分离机通过高效的分离技术，将船舶产生的废油中的水分和杂质分离出来，从而减少了油类污染物的排放。同时，污水处理装置能够有效处理船舶产生的污水，确保其排放符合国际环保标准，保护海洋生态环境。在节能方面，轮机辅助设备也发挥了重要作用。例如，高效的制冷装置和热交换设备能够减少能源消耗，提高能源利用效率。通过采用先进的节能技术和设计，这些设备能够在满足船舶运行需求的同时，降低碳排放，实现绿色航行。此外，一些船舶还配备了能源回收系统，如废气涡轮增压器等，通过回收船舶运行过程中产生的废热和废气中的能量，进一步提高了能源利用效率。

二、船舶轮机辅助设备的关键功能

（一）船用泵的功能

船用泵作为船舶轮机辅助设备的重要组成部分，其功能在船舶运行中显得尤为关键。船用泵的主要功能是输送各种液体，包括冷却水、燃油、润滑油等，这些液体对于船舶各个系统的正常运行至关重要。具体来说，船用泵通过其精密的机械结构和动力驱动系统，实现了对液体的高效输送。例如，冷却水泵负责将冷却水输送到主机和其他需要冷却的设备中，确保这些设备在工作过程中不会因过热而损坏。燃油泵则将燃油从燃油舱输送到主机燃烧室，为船舶提供动力。润滑油泵则为船舶的轴承、齿轮等关键部位提供润滑，减少摩擦和磨损，延长设备的使用寿命。船用泵的设计充分考虑了船舶的特殊需求，如耐腐蚀性、耐高压等。它们通常采用不锈钢或特殊合金材料制成，以确保在恶劣的海洋环境中能够长期稳定地工作。此外，船用泵还配备了先进的控制系统，可以根据船舶的运行状态和需要自动调节泵的输出流量和压力，实现智能化控制。船用泵的功能不仅体现在对液体的输送上，更重要的是它们通过确保液体系统的正常运行，为船舶的安全、高效航行提供了有力保障。无论是主机的稳定运行、船舶的操纵性还是船员的生活条件，都离不开船用泵的支持。

（二）气体压送机械的功能

气体压送机械在船舶轮机辅助设备中起着重要的作用，其主要功能是压缩和输送气体。这些气体在船舶运行中发挥着重要作用，如为气动控制系统提供动力、为救生设备充气等。气体压送机械通过其强大的压缩能力，将气体压缩至所需的高压状态，并通过管道系统输送到各个使用点。例如，在气动控制系统中，气体压送机械为各种气动执行元件如气缸、气动马达等提供动力源，实现对船舶各种动作的控制。在救生设备中，气体压送机械则为救生艇、救生筏等充气设备提供压缩空气，确保在紧急情况下这些设备能够迅速投入使用。气体压送机械的设计充分考虑了船舶的特殊需求，如耐腐蚀、防爆等。它们通常采用特殊材料和防爆设计，以确保在恶劣的海洋环境中能够安全、可靠地工作。此外，气体压送机械还配备了先进的控制系统和监测装置，可以实时监测气体的压力、流量等参数，并根据需要自动调节输出压力和流量。气体压送机械的功能对于船舶的安全航行具有重要意义。它们通过确保气动控制系统的正常运行和救生设备的可靠性，为船舶提供了重要的安全保障。在紧急情况下，这些设备能够迅速响应并发挥关键作用，保护船员的生命安全。

（三）甲板机械的功能

甲板机械是船舶上不可或缺的一类辅助设备，它们在船舶的停泊、货物装卸以及航行过程中发挥着至关重要的作用。甲板机械主要包括锚机、绞车、起重机、舷梯升降机等设备，它们各自承担着不同的功能，共同保障船舶的安全和高效运营。锚机和绞车是船舶停泊时的重要设备。锚机负责将锚链抛出并固定在海底，以稳定船舶的位置；而绞车则通过收放锚链来控制船舶的移动。这些设备在船舶靠岸、避风或等待装卸货物时发挥着关键作用，确保船舶能够安全地停泊在指定位置。起重机是船舶货物装卸的主要设备。它们通过强大的起重能力和灵活的操作方式，将货物从船上吊起并搬运到码头或其他运输工具上。起重机的应用大大提高了货物装卸的效率和安全性，减少了人力、物力的消耗。舷梯升降机则为船员和乘客提供了上下船舶的便捷通道。它们通过升降机将舷梯调整到合适的高度和角度，方便人员上下船舶。舷梯升降机的应用不仅提高了船舶的便利性，还保障了人员上下船舶的安全性。甲板机械的设计充分考虑了船舶的特殊需求和使用环境。它们通常采用高强度材料和防腐设计，以确保在恶劣的海洋环境中能够长期稳定地工作。此外，甲板机械还配备了先进的控制系统和安全保护装置，可以实时监测设备的运行状态并进行自动调节和保护，确保设备的安全可靠运行。甲板机械的功能对于船舶的安全和高效运营具有重要意义。它们通过确保船舶的停泊稳定、货物装卸的高效以及人员上下船舶的安全，为船舶提供了全方位的支持和保障。在船舶航行的过程中，甲板机械所起的作用不可忽视。

（四）辅助锅炉、制冷装置等其他设备的功能

辅助锅炉、制冷装置等其他船舶轮机辅助设备在船舶运行中同样发挥着重要作用。这些设备虽然功能各异，但共同为船舶的安全、舒适和高效运营提供了有力支持。辅助锅炉是船舶上的重要热源设备，它通过燃烧燃料产生蒸汽或热水，为船舶提供必要的加热和取暖服务。在寒冷的海域航行时，辅助锅炉能够为船员提供温暖的居住环境和工作环境，确保船员的身心健康。同时，它还能为船舶上的其他设备如厨房、洗涤设备等提供热水或蒸汽供应，满足船舶日常运营的需求。制冷装置则主要负责船舶上的冷藏和冷冻工作。它们通过制冷循环系统将热量从冷藏或冷冻物品中带走，降低物品的温

度并使其保持在一定范围内。这对于保持食品、药品等物品的新鲜度和有效性至关重要。制冷装置的应用不仅提高了船员的生活质量，还保证了船舶货物的质量和安全。

（五）船舶轮机辅助设备的净化与过滤系统

在船舶轮机辅助设备中，净化与过滤系统占据着举足轻重的地位。系统的核心功能是处理船舶上的各种液体和气体，以确保它们的纯净度达到严格的使用标准。纯净的液体和气体是轮机设备正常运行不可或缺的要素，而净化与过滤系统正是这一要素的坚实保障。通过精密的过滤装置和净化技术，该系统能够有效地去除杂质和污染物，从而减少设备因杂质导致的磨损和腐蚀。这不仅延长了设备的使用寿命，降低了维修成本，更为船舶的长期稳定运行奠定了坚实的基础。

值得一提的是，净化与过滤系统的作用远不止于此。在保障轮机设备运行的同时，它也为船员的健康筑起了一道防线。船舶环境中的空气和水质直接关系到船员的身体健康，而净化与过滤系统正是这些生活必需品的"守门员"。通过高效的过滤和净化处理，它能够确保船员呼吸到清新的空气，饮用到洁净的水源，从而在长时间的航行过程中保持身心健康。综上所述，船舶轮机辅助设备中的净化与过滤系统不仅关乎设备的正常运行和维护，也与船员的健康息息相关。它的存在，为船舶的安全航行和船员的健康生活提供了有力的支持。

（六）船舶轮机辅助设备的检测与报警系统

在船舶轮机辅助设备中，检测与报警系统的作用至关重要。这个系统能够实时监测设备的运行状态，一旦发现有任何异常情况，便会立即发出报警信号，从而确保船员能够迅速作出反应，防止潜在的安全隐患演变为严重的事故。检测与报警系统的核心在于其高精度和高敏感性。通过各种传感器和监控设备，它能够捕捉到轮机辅助设备的每一个细微变化，无论是温度、压力还是流量等关键参数，都逃不过它的"法眼"。当这些参数超出预设的安全范围时，报警系统便会立即启动，以声光等形式向船员发出明确的警报。这种实时监测和即时报警的机制，极大地提高了船舶运行的安全性。船员可以根据报警信息迅速定位问题所在，并采取相应的处理措施，从而避免设备损坏或人员伤亡等严重后果。同时，检测与报警系统也为船舶的预防性维护提供了有力的数据支持，使船员能够更加精准地判断设备的健康状况，提前进行必要的维护和保养。总的来说，船舶轮机辅助设备的检测与报警系统是保障船舶安全运行的重要一环。它通过实时监测和即时报警，为船员提供了一双"千里眼"和一对"顺风耳"，使得船舶能够在各种复杂环境中稳稳当当地航行。

三、轮机辅助设备的整体协同效应

（一）主汽阀和调节阀的协同工作

在轮机系统中，主汽阀和调节阀是控制蒸汽进入汽轮机的关键组件，它们之间的协同工作是确保汽轮机稳定运行的重要环节。主汽阀作为蒸汽进入汽轮机的第一道关卡，其主要职责是总体控制蒸汽的流量。当需要启动、停止或紧急切断蒸汽供应时，主汽阀会迅速作出反应，确保系统的安全性。而调节阀则扮演着更为精细的角色。它根据汽轮机的实时运行需求，对蒸汽量进行微调。这种微调能力使得汽轮机能够在不同工况下，如负载变化或转速波动时，依然能够保持平稳运行。调节阀的灵敏度和精确性对于维持汽轮机的性能和效率至关重要。主汽阀和调节阀之间的协同作用，不仅体现在对蒸汽流量的共同控制上，还表现在对系统压力的稳定维持。当汽轮机负载增加时，调节阀会相应开大，以允许更多的蒸汽进入，从而满足增加的动力需求。在这个过程中，主汽阀会监控整体蒸汽压力，确保系统在安全范围内运行。在实际操作中，这两个阀门的协同工作还需要依赖于精确的控制系统和传感器。控制系统会根据汽轮机的运行状态实时调整阀门的开度，而传感器则提供必要的反馈，确保阀门的动作准确无误。总的来说，主汽阀和调节阀的协同工作是轮机系统中不可或缺的一环，它们的紧密配合保证了汽轮机的稳定运行和高效性能。

（二）凝汽器和抽气器的相互依赖

在轮机系统中，凝汽器和抽气器是相互依赖的重要组件，共同负责蒸汽的冷凝和再利用。凝汽器的主要功能是将汽轮机排出的乏汽冷凝成水，这一过程中释放的热量通过冷却水系统被带走，从而保证了汽轮机的持续运行。抽气器则从汽轮机中抽取部分蒸汽，这些蒸汽被用于其他系统，如船舶的加热系统或除氧系统。通过抽气器的操作，可以有效地利用汽轮机产生的蒸汽，提高能源利用效率。凝汽器和抽气器的协同工作不仅关乎能源的高效利用，还直接影响汽轮机的正常运行。如果凝汽器无法有效地冷凝蒸汽，将会导致汽轮机背压升高，进而影响其性能和效率。同样，如果抽汽器不能正常工作，将会造成蒸汽的浪费，甚至可能影响其他依赖蒸汽的系统。为了确保这两台设备的协同工作，需要精确的控制系统和定期的维护保养。控制系统需要实时监测凝汽器和抽气器的状态，并根据实际情况进行调整。而定期的维护保养则可以确保这两台设备始终处于良好的工作状态，从而延长其使用寿命并提高系统的可靠性。

（三）循环水泵和凝结水泵的紧密配合

在轮机系统中，循环水泵和凝结水泵的紧密配合是确保水循环连续性和稳定性的关键。循环水泵负责将冷却水输送到凝汽器，以有效地冷凝汽轮机排出的蒸汽。在这一过程中，循环水泵需要保持恒定的流量和压力，以确保凝汽器的正常工作。凝结水泵则负责将冷凝后的水从凝汽器底部抽出，并将其送回锅炉进行再次加热。这一环节对于水资源的循环利用至关重要，保证了轮机系统的持续运行。如果凝结水泵出现故障，就会导致冷凝水的积聚，进而影响凝汽器的性能和汽轮机的正常运行。循环水泵和凝结水泵之间的紧密配合，依赖于精确的控制系统和可靠的设备性能。控制系统需要实时监测水泵的状态，并根据实际需求进行调整。同时，这两个水泵也需要定期地维护保养，以确保其始终处于良好的工作状态。

（四）主汽阀与调节阀的协同工作

在轮机系统中，主汽阀与调节阀的协同工作是确保蒸汽供应稳定、安全、高效的关键环节。主汽阀作为系统的主要控制阀门，在全局上把控着蒸汽进入汽轮机的总量，它像一位严谨的守门人，时刻守护着系统的安全。每当系统需要启动、停止或在紧急情况下，主汽阀都会迅速而准确地切断蒸汽供应，从而有效防止可能发生的危险。而调节阀则更像一位细心的调度员，它在主汽阀的基础上，根据汽轮机的实时运行数据和工况需求，对蒸汽流量进行更为精细的调节。这种调节不仅确保了汽轮机在各种复杂工况下都能稳定运行，还极大地提高了蒸汽的利用效率。两者的协同工作，就像是一场精心编排的舞蹈，每一个动作都经过深思熟虑，既保证了系统的安全性，又充分考虑了运行的高效性。这种协同效应，使整个轮机系统在面对各种挑战时，都能以最佳的状态应对，从而确保船舶或电站的稳定运行。

数据在辅助设备管理中的价值与意义

在当今这个信息化、数字化的时代，数据已经渗透我们生活的方方面面，成为推动社会进步和科技创新的重要资源。特别是在船舶轮机辅助设备的管理中，数据更是发挥着重要的作用。随着科技的不断发展，船舶轮机辅助设备的复杂性和精密性日益提高，传统的设备管理方法已经难以满足现代航运业的需求。而数据的引入，为设备管理带来了革命性的变革。数据不仅能够帮助我们实时监控设备的运行状态，提供准确的性能评估，还能预测和预防潜在故障，优化维护计划，从而提高设备的运行效率和安全性。可以说，数据已经成为船舶轮机辅助设备管理的核心要素，它的价值和意义不容忽视。因此，本节将深入探讨数据在辅助设备管理中的具体应用和价值，以期为读者提供一个全面而深入的理解，进一步推动船舶轮机辅助设备管理向更加智能化、高效化的方向发展。

一、数据在辅助设备管理中的价值体现

（一）实时监控与状态评估

实时监控是现代船舶轮机辅助设备管理的基石。随着物联网技术的发展，我们能够通过各种传感器实时捕获设备的运行数据，这些数据流不断地向我们传递着设备的"健康状态"。管理人员通过这些数据，如同拥有了一双"透视眼"，能够洞察设备内部的运行状况。这不仅有助于及时发现潜在问题，也能确保设备始终在最佳状态下运行。状态评估则是对这些实时监控数据的进一步挖掘和应用。通过对数据的细致分析，我们可以对设备的性能、效率和寿命进行更为准确的评估。这种评估不再仅仅依赖于经验判断，而是基于大量真实、客观的数据。这大大提高了评估的准确性和可信度，为后续的维护和管理提供了有力的依据。实时监控与状态评估的结合，使设备管理人员能够更加主动地掌握设备的运行状况，及时发现并解决问题，从而确保船舶的安全、高效运行。

（二）故障预防与预测

在船舶轮机辅助设备管理中，故障预防与预测的重要性不言而喻。数据在这方面发挥着至关重要的作用。通过对历史故障数据的深入挖掘和分析，我们可以识别出设备故障的常见模式和前兆。这些模式和前兆就像设备的"病历"，能够帮助我们预测未来可能出现的故障。当实时数据中出现这些故障模式和前兆时，系统可以立即发出预警，使得管理人员能够在故障发生前采取必要的预防措施。这种基于数据的故障预防与预测方法，不仅大大提高了设备的可靠性，也为企业节省了因设备故障而产生的昂贵维修费用。此外，通过持续的数据收集和分析，我们还可以不断优化故障预测模型，提高其准确性和可靠性。这将使得设备管理更加智能化、高效化，为企业的稳健运营提供有力保障。

（三）维护优化与决策支持

数据在船舶轮机辅助设备的维护优化和决策支持中扮演着至关重要的角色。传统的维护方式往往依赖于固定的时间表和经验判断，而数据驱动的维护优化则更加精准和高效。通过对设备运行数据的深入分析，我们可以制订出更为精准的维护计划。这包括确定最佳的维护时间、选择合适的维护方式以及预测维护所需的时间和资源等。这种基于数据的维护策略不仅能够延长设备的使用寿命，还能避免因过度维护或维护不足而产生的额外费用。同时，在面临设备更换、升级或改造等重大决策时，数据也为我们提供了有力的支持。通过对历史数据和实时数据的综合分析，我们可以对各种决策方案进行模拟和预测，从而选择出最优的方案。这种基于数据的决策方法不仅提高了决策的准确性和可信度，也为企业的发展提供了更为稳健的支撑。

（四）能效管理与节能减排

在能源日益紧缺和环境问题日益突出的当下，能效管理与节能减排已经成为船舶轮机辅助设备管理的重要任务。而数据在这方面也发挥着不可或缺的作用。

通过对设备运行数据的实时监测和分析，我们可以清晰地了解到设备的能耗情况，包括设备的能耗峰值、能耗低谷以及能耗趋势等。基于这些数据，我们可以制定出更为合理的能效管理策略，如调整设备的运行参数、优化设备的运行模式等，以降低设备的能耗。同时，数据也有助于我们实现节能减排的目标。通过对废气、废水等排放数据的实时监测和分析，我们可以及时识别出排放超标的情况并采取相应的措施进行改进。这不仅有助于企业废弃物排放达到环保标准，更为企业赢得了良好的社会声誉。此外，基于数据的节能减排策略还可以帮助企业降低运营成本，提高经济效益。

二、数据安全性与隐私保护在设备管理中的意义

（一）数据加密与传输安全

在轮机辅助设备运行数据的收集与传输过程中，数据加密与传输安全是首要考虑的问题。由于这些数据可能包含设备的运行状态、性能参数等敏感信息，一旦泄漏或被篡改，将对设备的正常运行和企业的运营安全造成严重影响。因此，采用先进的加密技术至关重要。我们利用SSL/TLS等协议，对数据进行端到端的加密处理，确保数据在传输过程中即使被截获，也无法被破解和读取。同时，我们还采用校验等技术手段，对数据进行完整性验证，防止数据在传输过程中被篡改。这些措施共同构成了数据传输的安全防线，保障了数据的机密性、完整性和真实性。

（二）访问控制与权限管理

在轮机辅助设备管理中，访问控制与权限管理是确保数据安全的另一重要环节，但不是所有人员都需要或应该有权访问所有数据。因此，我们建立了一套完善的访问控制机制和权限管理体系。通过严格的身份验证机制，确保只有经过授权的人员才能访问系统。同时，我们根据人员的角色和职责，为其分配相应的数据访问权限。这样，每个人员只能访问其所需的数据，无法越权查看或修改其他数据。此外，我们还采用了双因素认证技术，进一步提高了系统的安全性。通过这些措施，我们有效防止了数据的泄漏和滥用，确保了数据的安全性和业务的正常运行。

（三）数据脱敏与匿名化处理

在轮机辅助设备管理中，数据脱敏与匿名化处理是保护用户隐私的重要手段。由于设备运行中产生的数据可能包含用户的个人信息或敏感数据，直接使用这些数据可能会侵犯用户的隐私。因此，我们对这些数据进行了脱敏和匿名化处理。具体来说，通过替换、扰乱或删除部分数据的方式，将原始数据中的敏感信息隐藏起来，同时保留数据的整体特征和分布规律。这样处

理后的数据仍然可以用于数据挖掘和分析，但无法追溯到具体的个人或设备，从而有效保护了用户的隐私。同时，我们也严格遵守相关法律法规的要求，确保数据处理活动的合法性和合规性。

（四）合规性与法律责任

在轮机辅助设备管理中，合规性与法律责任是不可忽视的重要方面。随着数据保护法规的不断完善，企业在处理设备运行数据时必须严格遵守相关法律法规的要求。为了确保数据处理的合规性，需设立专门的数据保护官和法律顾问团队，负责监督和指导数据处理活动。制定了详细的数据安全和隐私保护政策，明确规定了数据的收集、存储、使用和共享等方面的要求。同时，我们还定期组织员工进行法律法规培训，增强全员的数据保护意识和法律意识。在处理跨国数据传输时，更应格外谨慎，确保不触犯各国的法律法规要求，避免因违规操作而引发的法律风险。通过这些措施，确保了数据处理活动的合规性，为企业的稳健发展提供了有力保障。

第 2 章

轮机辅助设备运行数据的应用与挑战

在当今高度信息化的航运业中，轮机辅助设备的运行数据已成为现代航运管理和设备维护中不可或缺的信息源。这些数据不仅为我们提供了设备的实时运行状态，还是预防故障、优化运营和提高能效的关键。然而，随着数据的不断涌现，如何有效地收集、传输并利用这些数据，成为航运业面临的新挑战。本章将深入探讨轮机辅助设备运行数据在现代航运中的各种应用场景，包括实时监控、能效管理、维护决策支持以及安全与合规性的保障。同时，我们也将剖析在数据应用过程中所遇到的一系列挑战，如数据质量与完整性、数据安全与隐私保护、技术与系统整合、人员技能与培训，以及法规与合规性等问题，并提出相应的应对策略。通过对轮机辅助设备运行数据的深入研究和应用，我们有望为现代航运业带来更加智能、高效和安全的运营管理模式。这不仅可以提升航运企业的竞争力，还将为整个行业的可持续发展注入新的活力。

轮机辅助设备运行数据的应用

轮机辅助设备的运行数据，作为航运管理中一项至关重要的信息资产，正日益显现其无可替代的价值。进入信息化时代，对数据的获取、分析和应用已成为提高航运效率和安全性的核心环节。在这一节中，我们将聚焦于轮机辅助设备运行数据如何被转化为实用的管理工具和决策依据，通过具体的应用案例分析，展现数据在实时监控、能效提升、预防性维护以及合规性保障等方面的巨大潜力。让我们一起探索这些数据是如何助力航运业迈向更加智能、高效和安全的未来的。

一、轮机辅助设备运行数据的实时监控与预警

（一）利用运行数据进行设备状态实时监控

实时监控是轮机辅助设备运行数据最直接且关键的应用之一。在现代航运中，船舶的轮机设备是保障航行安全和效率的核心。为了确保轮机设备的稳定运行，我们需要对其各项参数进行持续、精确地监控。这时，安装在设备上的传感器就发挥了巨大的作用。传感器能够持续收集轮机设备的各种运行参数，如温度、压力、转速等。这些数据是反映设备状态的重要指标，通过实时监控这些数据，我们可以随时了解设备的运行状态。例如，温度传感器可以监测设备的温度变化，及时发现异常升温，防止设备过热损坏；压力传感器则可以监测设备的压力变化，防止压力过高或过低对设备造成损害。实时监控系统的界面设计直观易操作，操作人员可以通过界面迅速了解设备的运行状态。一旦数据出现异常，如温度突然升高或压力异常波动，系统就会立即作出反应，通过明显的视觉提示或声音警报来提醒操作人员。这种即时的反馈机制确保了设备管理的效率和响应速度，使操作人员能够及时采取措施，防止故障发生或扩大。实时监控不仅提高了设备管理的便捷性和效率，还为航行安全提供了有力保障。通过对轮机设备的实时监控，我们可以预防潜在的故障与风险，确保船舶在航行过程中始终保持最佳状态。

（二）故障预警系统的建立与应用

故障预警系统是轮机辅助设备运行数据应用的又一重要方面。在船舶航行过程中，设备故障往往会导致严重的后果，甚至危及航行安全。因此，建立一个有效的故障预警系统至关重要。基于实时监控的数据，我们可以构建一个智能的故障预警系统。这个系统通过分析设备的实时数据和历史数据，学习并识别出设备正常运行的模式和异常模式。当系统检测到数据偏离正常范围，如温度异常升高、压力波动过大或转速不稳定时，就会触发预警机制。预警机制的建立依赖于机器学习和数据分析技术，系统会对大量的历史数据进行训练和学习，以识别出与设备故障相关的数据特征。同时，实时数据的持续输入使系统能够不断更新和优化预警模型，提高预警的准确性和及时性。当预警系统发出警报时，操作人员可以立即根据系统提供的故障信息和排查建议进行检查和维修。这种预见性的维护方式相比传统的定期维护更加高效和精准，因为它能够在故障发生前就进行干预，从而避免设备停机或损坏。故障预警系统的应用不仅提高了设备维护的效率和准确性，还为航行安全提供了强有力的保障。通过预警系统的智能分析，我们可以及时发现并处理潜在的问题，确保轮机设备的稳定运行。

（三）成功预警并预防重大故障的事例分析

以某大型货轮为例，该货轮在轮机辅助设备上安装了先进的实时监控和故障预警系统。在一次远洋航行中，这个预警系统发挥了至关重要的作用。当时，预警系统突然发出警报，指示轮机中的某个关键部件温度异常升高。在航海过程中，轮机部件的异常升温往往预示着潜在的故障风险。船员在接到警报后，立即根据系统的建议进行了初步检查。通过检查，他们确认了问题的严重性，并发现该部件确实存在故障隐患。由于预警及时且准确，船员得以在故障发生前采取了必要的预防措施。他们紧急联系了最近的港口，并安排了专业维修人员进行检查和维修。在维修过程中，维修人员发现该部件已经出现磨损迹象，如果不及时处理，很可能会引发更严重的故障。这次潜在的重大故障被成功预防，得益于实时监控和故障预警系统的有效运作。这一事例充分展示了实时监控与故障预警系统在轮机辅助设备管理中的重要性。通过对数据的实时收集和分析，我们可以及时发现并处理潜在的问题，确保航行的安全和效率。同时，这也为航运企业提供了宝贵的经验，即利用先进技术进行设备监控和预警是提高航行安全和设备管理水平的关键途径。

轮机辅助设备运行数据收集及传输

二、轮机辅助设备运行数据的能效管理与优化

（一）数据在船舶能效管理中的应用

燃油价格的上涨和港口使用及船只维护费用的上升增加了船舶营运的成本，而燃油费用占了总成本的三分之二，有巨大的节约与压缩成本的空间，所以船舶的能效管理是控制运营成本的关键部分。目前，互联网技术已经渗透各行各业，大数据、云计算和物联网等技术已经在交通运输和通信行业得到了应用。在对管理技术和制度进行变革创新的基础上，利用大数据技术来节约能效，不仅能够提高我国海上交通管理的水平与质量，也能节约资源，降低运输成本，推动我国经济发展。因此，船舶行业需要根据信息化特点科学地利用大数据技术，为船舶营运提供更加全面的技术支持，提高船舶工作运输效率。

1.智能能效管理

船舶的能效管理有三个层次：第一个层次是对与能效相关的数据信息的采集；第二个层次根据采集的能效数据对船舶的航行操作提供决策参考和辅助；第三个层次主要是优化船舶的水动力性能，完成固定船舶的型线优化。能效管理是一个非常复杂的过程，船舶的智能能效管理是通过能效监控和管理设备实现的，这两个部分都能进行实时采集关于航行状态、航行中设备机器的耗能情况等信息，自动收集船舶航行时的状态、外界环境条件、机器耗能情况等数据，并以此为基础评估船舶的能效、航行和装载情况。然后再利用大数据技术、数值仿真分析等优化技术为船舶提供直观的可视化分析结果，为操作人员提供数据分析的结果和操纵上关于调整航行速度、最佳配载等决策的辅助建议，如提供关于最佳航速的参考，降低船舶耗能；机载计算机给出最佳装载建议，降低船舶阻力和油耗。真正做到对船舶的实时监控、评估和优化。

2.船舶能效管理

（1）调度优化

随着我国海上交通运输的发展，船舶的数量迅速壮大，但是港口和航道的规划却建设越来越难以跟上船舶增加的节奏，这就导致港口和航道的设置安排越来越杂乱，极大地增加了船舶调度的难度。而大量的船舶在港口的调度和航道规划受到诸多因素的影响，如果把这些因素统计起来用数据表示，

将是极大的数据量，符合大数据的标准，可以利用大数据的采集和处理思路来解决。目前大数据分析技术已经在船舶调度管理方面得到了初步应用，并且在一定程度上提高了调度的效率。具体步骤是，先把船舶信息预存入中心系统的数据库中，然后对它们进行集中分析处理，即利用大数据相关技术（如数据挖掘和数据处理等）对船舶的动态进行即时分析和调度，实现船舶调度的科学化和信息化。这在很大程度上缓解了港口和航道规划建设方面的压力，弥补了由于港口航道调度跟不上船舶发展而造成的漏洞。目前已经有学者提出了多种以大数据为基础的船舶调度方案，如图谱特征分析、关联特征匹配、数据挖掘等，对船舶调度管理作出了优化处理。

（2）纵倾优化

纵倾优化是指应用CFD工具或船模水池试验来计算船舶在不同装载情况或不同航速下受到的阻力，同时采用优化思想，以实现最小阻力为目标，在考虑航行视线、稳定和强度安全的前提下，给出最佳纵倾浮态的参考，为船舶实际的营运提供决策建议。设计纵倾性能数据库的传统方法是在设计阶段通过开头提到的两种方法来计算船舶在不同航行状态下吃水时对应的不同航速和纵倾受到的阻力，从而计算出吃水、航速和纵倾下的主机功率。再根据航行前预设的航速和吃水情况，找到最低功率下对应的最佳纵倾情况。这种纵倾方法存在一定的局限性，比如实际的航速和吃水情况都不一定和试验时模拟的数据一致，所以需要在纵倾矩阵内插入一些数值，并假设它们和原数值之间存在线性关系。不过当吃水深度和纵倾离球鼻艏浸没点非常接近的时候，这种方式往往并不准确。另外，这种方法也存在局限性，比如没有考虑到船舶被外界扰动和动态的实时情况，如出现风或下沉时船员不能准确获得船舶的实际吃水深度，只能确定出航前的状态。即使按比例放大也会出现偏差，从而阻碍了船舶获得最佳纵倾并导致船舶一直按照这个状态航行。由于航速、海况、海面等种种会在实际航行中实时变化的因素，导致航行中实际纵倾角度和静态纵倾角度相差很大，甚至可以达到1m。所以，对船舶航行数据进行实时采集是很有必要的，还需要在此基础上进行多维分析，寻找优化动态纵倾的最佳方法。动态纵倾优化需要考虑大量的变量因素，如流体学相关和天气情况。在综合考虑种种因素后，再计算出最佳纵倾数值，并持续不断地采集数据，对数据进行清洗和分析，不断提高优化纵倾的精度，实现船舶的节能智能航行。

（3）航速优化

主机转速和航速也是影响油耗的重要因素。在船期过程中，大型船舶通常采取降低航速的方式来减少油耗。以航行数据为基础，结合航次计划、航线和燃料消耗情况以及成本分析，得出优化航速的最佳方案。能源监控系统既可以输入预定的航行线路、燃油价格、出发与到达的具体时间，还可以接收基地发送的天气情况如风、涌浪和潮流等气象信息，然后将航线分为多个部分，对每一部分计算出具体的最佳航速和转速，为操作人员提供参考。

（4）污底清除优化

随着船舶运营时间的增加，船体和螺旋桨表里都会积累大量污垢。为了减小由此带来的阻力，提高螺旋桨工作推行的效率，需要定期清除船舶污底，大数据技术能够为这项工作提供更加高效的建议。大数据技术可以对船舶运营时监测到的数据进行梳理，从中筛选出有关船速和主机功率的数据，并对其按照时间顺序进行排序，清除风、浪、流和海水温度等自然因素对船舶营运功率的影响，进一步得到船舶污损与营运时间和航线这三者之间的关系，根据实际情况清除污损，能够提高船舶能效、降低营运成本。

（5）航线优化

海上交通运输的特殊性使得船舶必须依靠一定的导航系统才能到达目的地，而海事部门也需要对船舶的航迹进行预测掌握，从而调整航路调度，避免事故的发生。随着水上运输事业的发展，船舶定位和航迹预测的工作也变得越来越重要，成了近年来的热点话题。目前船舶定位和航迹预测方法的核心思想都是通过船舶定位数据进行曲线拟合，进而完成船舶定位和航迹预测，具体有神经网络、灰色模型、贝叶斯公式等方法。虽然这些方法在实际中已经有了应用，但其准确性和可靠性都还有待提高，并且存在一定的局限性。例如，神经网络需要建立在大量的历史数据的基础之上；灰色模型法还局限于线性拟合等。而大数据技术的发展和应用为船舶导航和航迹预测的性能奠定了技术基础，可以使船舶导航和航迹预测更加精确可靠，满足海上运输和船舶能效管理的实际需要，具有巨大的发展潜力。

（二）节能减排策略的制定与实施

1.识别能耗高的环节与设备

在全球绿色低碳的倡议下，航运业的节能减排成为一项紧迫的任务。轮机辅助设备运行数据在这一进程中扮演着举足轻重的角色。通过深入分析这些数据，我们可以精准地识别出航运过程中能耗高的环节和设备，这是节能减排工作的第一步，也是至关重要的一步。能耗高的环节和设备往往是节能减排的潜力所在。通过详细的数据分析，我们可以清晰地看到哪些设备在运行过程中消耗了过多的能源，哪些环节存在能源浪费的现象。这些数据不仅包括设备的能耗数据，还涵盖设备运行状态、使用时间、负载情况等多方面的信息，为我们提供了全面的能耗画像。一旦识别出能耗高的环节和设备，我们就可以有针对性地开展节能减排工作。对于能耗高的设备，我们可以考虑进行技术改造，比如更换高效节能的替代设备，或者优化设备的运行参数，以降低其能耗。同时，对于能耗高的环节，我们可以通过优化流程、提高操作效率等方式来减少能源浪费。这种基于数据的能耗识别方法，不仅提高了我们节能减排工作的精准度，也为后续的节能减排措施提供了明确的方向和目标。

2.评估节能减排措施的实际效果

在实施节能减排策略后，如何评估其实际效果成了一个关键问题。轮机辅助设备运行数据在这一环节中同样发挥着不可替代的作用。通过对比实施节能减排策略前后的数据变化，我们可以客观地评估策略的有效性。这些数据包括能耗数据、排放数据以及设备运行效率等多个方面。在实施新的节能减排策略后，如果这些数据呈现出积极的变化趋势，那么就说明我们的策略是有效的。这种基于数据的评估方法不仅客观公正，而且能为我们提供宝贵的反馈信息。如果数据显示节能减排效果不佳，我们就可以及时调整策略，寻找更为有效的节能减排方法。同时，这些数据也可以为我们后续的节能减排工作提供有益的参考和借鉴。

3.制定长期的节能减排规划

轮机辅助设备运行数据不仅在短期内的节能减排工作中发挥着重要作用，在长期的节能减排规划中也具有不可忽视的价值。通过对历史数据的深入分析，我们可以清晰地看到航运业的能耗趋势和变化规律。这些数据为我们制定长期的节能减排目标提供了科学的依据。同时，结合对未来能耗趋势的预测，我们可以制定出更为合理、可行的节能减排规划。这些规划不仅可以指导航运企业在日常运营中更好地实施节能减排措施，也有助于推动整个航运业向更加绿色、低碳的方向发展。在长期规划的指引下，我们相信航运业一定能够在节能减排方面取得更为显著的成果，为全球绿色低碳事业作出更大的贡献。

三、轮机辅助设备运行数据维护决策支持

（一）基于数据的预防性维护策略

在轮机辅助设备的运行维护中，基于数据的预防性维护策略正逐渐替代传统的定期维护模式。预防性维护策略的核心在于，通过对设备运行数据的实时监控与分析，能够在设备出现故障前进行及时的维护与修复，从而避免意外停机带来的损失。这种策略的实施依赖于大数据和智能分析技术的发展。通过对轮机辅助设备的历史运行数据进行挖掘，可以识别出设备性能下降的趋势和可能发生故障的征兆。某些关键指标的异常波动可能预示着设备内部的磨损或即将出现的故障。基于这些数据，可以制订出更为精准的预防性维护计划，包括维护的时间点、需要更换的部件以及维护的具体步骤等。预防性维护策略不仅提高了设备的运行效率，还延长了设备的使用寿命。与传统的定期维护相比，这种策略更加灵活和精准，能够根据实际情况调整维护计划，避免了不必要的维护操作和资源浪费。

（二）利用历史数据预测设备寿命和维护周期

轮机辅助设备的寿命预测和维护周期预测是维护决策中的重要环节。通过深入分析设备的历史运行数据，我们可以对设备的健康状况和未来性能进行科学地评估。

这些数据包括设备的运行时间、负载情况、故障记录等多个方面。利用统计分析和机器学习算法，我们可以从这些数据中提取出有价值的信息，进而预测设备的剩余寿命和维护周期。例如，某些设备在长时间高负载运行后，其性能可能会明显下降，这就需要我们提前进行维护以避免故障的发生。通过准确地预测设备寿命和维护周期，我们可以制订出更为合理的维护计划，确保设备在关键时刻能够正常运行。同时，这也有助于我们提前做好备件采购和人员调配等准备工作，为维护工作的顺利进行提供保障。

（三）通过数据分析改进维护流程

某航运公司通过对轮机辅助设备的运行数据进行深入分析，成功改进了其维护流程。在过去，该公司的维护计划主要依赖于定期的全面检查和维修，这种方式不仅耗时耗力，而且往往无法及时发现潜在的问题。通过对设备运行数据的实时监控和分析，该公司发现某些设备的性能下降速度远快于预期。针对这一问题，他们及时调整了维护计划，对这些设备进行了有针对

性的检查和维护。结果表明，这种基于数据的维护方式不仅能够及时发现并解决问题，还大幅提高了设备的运行效率和可靠性。这个案例充分说明了数据分析在改进维护流程中的重要性。通过深入挖掘设备运行数据中的信息，我们可以更加精准地了解设备的实际状况，从而制定出更为有效的维护策略。

四、轮机辅助设备运行数据安全与合规性

（一）数据在保障航行安全中的作用

在航行安全领域，轮机辅助设备的运行数据起着举足轻重的作用。这些数据不仅是设备运行状态的实时反馈，更是航行安全的重要保障。通过实时监测和分析轮机辅助设备的各项数据，如温度、压力、转速等，船员可以准确掌握设备的健康状况，及时发现异常情况并采取相应的应对措施。数据的精确性对于预防潜在的安全隐患至关重要。例如，当设备温度过高或压力异常时，数据监测系统能够迅速发出警报，提醒船员进行检查和维修。这种基于数据的预警机制，大大减少了因设备故障导致的安全风险，保障了船舶的稳定运行。此外，轮机辅助设备的运行数据还能为航行决策提供有力支持。在复杂的海况和天气条件下，船员可以根据实时数据调整航行速度和航向，确保船舶的安全通行。数据的实时性和准确性，使航行过程中的每一个决策都更加科学和精准。轮机辅助设备的运行数据不仅是设备运行状态的记录，更是航行安全的重要保障。它们为船员提供了有力的信息支持，帮助他们在航行过程中做出正确决策，确保船舶和人员的安全。

（二）利用数据满足国内航运法规与标准

轮机辅助设备的运行数据对于验证船舶是否符合国内航运法规要求具有关键作用。这些数据详细记录了设备的运行状态、维护保养情况等重要信息，是确保船舶合规操作的重要依据。通过对轮机辅助设备运行数据的收集、整理和分析，船舶运营者可以清晰地了解到设备是否按照法规要求进行了定期的检查和维护。这些数据不仅可以帮助船舶运营者及时发现并解决问题，还可以作为国内航运监管机构进行合规性审查的重要参考。为了符合国内航运法规与标准，船舶运营者需要建立完善的数据管理系统，确保数据的真实性和完整性。同时，他们还需要加强对数据的分析和利用，以便更好地了解设

备的运行状态和性能，及时发现并解决潜在问题，确保船舶的安全运行和合规操作。

（三）数据驱动的合规性监控与报告

在轮机辅助设备的运行过程中，数据驱动的合规性监控与报告机制发挥着至关重要的作用。这一机制通过实时监控设备运行数据，对异常情况进行及时预警和响应，从而确保船舶始终保持在合规的运行状态。合规性监控的核心在于对设备运行数据的持续监测和分析。通过先进的数据分析技术，可以实现对轮机辅助设备各项关键指标的实时监控，如温度、压力、振动等。一旦数据出现异常波动或偏离安全范围，系统会立即触发预警机制，通知相关人员进行处理。这种数据驱动的监控方式，大大提高了合规性管理的效率和准确性。基于实时数据的合规性报告也是确保航运合规性的重要环节。这些报告详细记录了船舶设备的运行状态、维护保养情况、异常处理等信息，为船舶管理公司和监管机构提供了全面的运营情况反馈。通过这些报告，相关机构可以及时了解船舶的合规性状况，对存在的问题进行整改和优化，进一步提高航运活动的合规性水平。

（四）数据安全与隐私保护

在数字化时代，轮机辅助设备运行数据的安全性和隐私保护显得尤为关键。这些数据不仅关乎船舶的运行状态和性能，还可能包含敏感的商业信息或船员个人信息。因此，确保数据安全，防止数据泄漏或被非法访问，是船舶运营中不可忽视的一环。为了实现这一目标，船舶运营者需要采取多层次的安全措施。首先，利用先进的加密技术，对传输和存储的数据进行加密处理，即使数据在传输过程中被拦截或在存储时被非法访问，也难以被破解和利用。其次，实施严格的访问控制策略，确保只有经过授权的人员才能访问特定数据，从而降低内部泄漏的风险。随着云计算技术的广泛应用，云端数据的安全性也需引起高度重视。船舶运营者应与云服务提供商紧密合作，确保云端存储的数据得到与本地数据同等级别的安全保护。这包括采用最新的安全协议、进行定期的安全审计，并及时更新安全策略以应对新出现的威胁。

轮机辅助设备运行数据应用的挑战

在轮机辅助设备的运行过程中，数据的收集、传输与应用无疑为提升航行安全、优化设备管理及确保合规性带来了显著的便利与进步。然而，随着技术的深入应用，我们也逐渐面临一系列复杂且多维度的挑战。这些挑战不仅涉及技术层面的难题，如数据传输的稳定性、数据处理的高效性，还包括管理层面的困扰，如何确保数据的安全与隐私，以及如何从海量的数据中提炼出真正有价值的信息。此外，随着数据应用的不断深化，如何克服传统行业惯性，培养具备数据分析能力的专业人才，也成了我们必须面对的问题。本节将深入探讨这些挑战，并尝试提出可能的解决方案，以期为轮机辅助设备运行数据的更好应用提供参考与借鉴。

一、轮机辅助设备运行数据应用的重要性

（一）实时掌握设备状态，预防潜在故障，确保航行安全

轮机辅助设备运行数据的实时收集与分析，对于航行安全而言具有不可替代的作用。通过这些数据，船员和船舶管理人员能够实时掌握设备的运行状态，无论是发动机的温度、压力，还是冷却系统的流量、液位，所有关键参数都一览无余。这种即时的信息反馈机制允许对任何异常情况进行迅速识别和处理。例如，当某个部件的温度异常升高时，这可能预示着即将发生的故障。通过数据的实时监测，船员可以在故障发生前采取措施，如停机检查、更换磨损部件或进行必要的维护，从而有效预防潜在故障的发生，确保船舶的航行安全。这些数据还可用于事故后的原因分析，帮助改进设备设计和操作程序，进一步提升安全性能。

（二）优化运营效率，降低能耗，提高经济性

在航运业，运营效率和能耗控制直接关系企业的经济效益和环境责任。轮机辅助设备的运行数据在这方面发挥着至关重要的作用。通过对这些数据的深入分析，船舶运营者可以精确了解设备的运行效率和能耗情况。比如，根据发动机在不同负载下的油耗数据，可以优化航行计划，选择在油耗最低

⑤轮机辅助设备运行数据收集及传输

的速度和航线下行驶。此外，数据还可以揭示哪些设备或系统在特定条件下能耗过高，从而进行有针对性的改进。这些基于数据的优化措施，不仅能够显著提高运营效率，还能有效降低能耗，为航运企业带来实实在在的经济效益，符合当前对环保和可持续发展的全球关切。

（三）为设备维护、更换和升级等决策提供数据支持

轮机辅助设备的维护、更换和升级是航运企业日常运营中不可或缺的一部分。而做出这些决策的依据，很大程度上来源于设备的运行数据。这些数据不仅记录了设备的运行历史和性能表现，还蕴含着设备健康状况和未来需求的宝贵信息。例如，通过分析设备的磨损数据和使用时长，可以预测其维护周期和更换时间，从而避免意外停机带来的损失。数据还可以揭示设备在设计或性能上的不足，为升级和改进提供有力的数据支持。这种基于数据的决策方式，不仅使设备的维护和管理更加科学、精准，还能延长设备的使用寿命，提高企业的整体运营效率。

数据收集与传输在轮机辅助设备运行管理中起着举足轻重的基础性作用。这一环节的实时性、完整性和安全性对于整个船舶的运营至关重要。

二、数据收集与传输的基础性作用

实时性的确保，使得运营者能够在第一时间获取到设备的状态信息。轮机辅助设备的运行状态是动态变化的，任何延迟都可能导致对设备状态的误判。因此，通过高效的数据传输系统，运营者可以及时掌握设备的各项关键参数，如温度、压力、转速等，从而迅速做出响应。这种即时的信息反馈机制，不仅有助于在设备出现故障时及时采取措施，防止问题扩大，还能在设备性能出现下降趋势时及时调整运行策略，确保船舶的持续和安全运营。轮机辅助设备的运行涉及众多复杂参数和变量，任何一个参数的缺失都可能影响分析的准确性。通过全面、系统地收集数据，运营者可以获得设备运行的全景图，深入了解设备的运行特性、性能"瓶颈"及潜在问题。这种全面的数据分析不仅有助于设备的优化和升级，还能为制订合理的维护计划和预防故障提供有力的数据支撑。在数据传输和存储过程中，必须确保数据的真实性和可信度，防止数据被窃取或篡改。这不仅是进行有效分析和决策的前提，更是保护企业商业机密和确保运营安全的关键。通过采用先进的加密技术和严格的安全措施，可以确保数据在传输过程中的安全性，让运营者能够

依赖准确、可靠的数据做出正确的决策。数据收集与传输的实时性、完整性和安全性共同构成了轮机辅助设备运行管理的坚实基础，为船舶的安全、高效运营提供了有力保障。

三、轮机辅助设备运行数据质量与完整性

（一）数据收集过程中的误差与噪声问题

在轮机辅助设备运行数据的收集过程中，我们必须正视误差和噪声这两个难以避免的问题。误差主要源于测量设备的精度限制和操作过程中的不确定性。比如，即使是最高精度的测量仪器，也存在一定的量化误差，这是数字测量技术固有的离散特性所导致的。此外，测量设备的老化、磨损或不当维护同样会引发误差，这些误差可能会累积并逐渐扩大，最终影响数据的准确性。除了误差，噪声也是一个不容忽视的问题。噪声可能来自各种环境因素，如电磁干扰、机械振动等。这些噪声会叠加在真实信号上，使数据呈现出不必要的波动，进而影响数据分析的准确性。特别是在复杂的轮机系统中，各种电气和机械设备同时运行，噪声问题尤为突出。为了应对这些问题，我们需要定期校准测量设备，以确保其精度在可接受范围内。同时，通过优化测量方法，比如采用滤波技术来降低噪声的影响，也是提高数据质量的有效途径。此外，加强操作人员的培训，提高其技能水平，也能在一定程度上减少因人为操作失误所带来的误差。

（二）数据丢失与损坏的风险

数据丢失与损坏是轮机辅助设备运行数据面临的严重威胁。这种风险可能由多种因素引发，包括存储设备故障、数据传输过程中的错误、恶意攻击，甚至自然灾害等不可预测事件。一旦数据丢失或损坏，将对设备运行分析造成严重影响，甚至可能危及船舶的安全运营。为了防止数据丢失和损坏，我们需要采取一系列预防措施。首先，实施多重备份策略是至关重要的。通过将数据存储在多个独立的位置，我们可以确保即使部分存储介质发生故障，也能迅速恢复数据。其次，使用可靠的数据传输协议和加密技术也是必不可少的。这不仅可以保证数据在传输过程中的安全性，还能在一定程度上防止恶意攻击导致的数据损坏。最后，定期对数据进行检查和验证也是预防数据丢失和损坏的重要环节。通过及时发现并修复潜在的数据问题，我们可以确保数据的完整性和可用性。

（三）提高数据质量与完整性的策略

提高轮机辅助设备运行数据的质量与完整性是确保船舶安全、高效运营的关键。为了实现这一目标，我们需要采取综合性的策略。使用高精度测量设备是基础。我们应该先选择那些经过严格测试、精度高且稳定性好的测量设备，以减少量化误差和设备自身误差对数据准确性的影响。同时，这些设备还应具备良好的抗干扰能力，以便在复杂的轮机环境中准确捕捉数据。定期校准与维护测量设备同样重要。通过定期校准，我们可以确保设备的精度始终保持在可接受范围内，而适当维护则能延长设备的使用寿命，并减少因设备老化或磨损而引发的误差。优化数据采集与处理流程也是提高数据质量的关键环节。我们应该简化数据采集步骤，减少人为操作失误。同时，采用先进的数据处理技术，如滤波算法等，可以有效降低噪声干扰，提高数据的准确性。为了应对数据丢失和损坏的风险，我们还需建立多重备份与恢复机制。通过将数据备份到多个独立的位置，同时确保备份的完整性和可读性，我们可以在数据丢失或损坏时迅速进行恢复，从而保证船舶运营数据的连续性。使用加密技术对敏感数据进行保护，防止数据泄漏或被恶意篡改。通过安全可靠的传输协议进行数据传输，可以确保数据在传输过程中的完整性和安全性。

（四）数据管理与分析系统的重要性

轮机辅助设备运行数据的完整性和质量，不仅取决于数据采集的过程，还与管理及分析系统的有效性密切相关。一个高效的数据管理与分析系统能够确保收集到的数据得到妥善处理，并提供有价值的洞察。首先，系统需要有强大的数据存储能力，以确保所有收集到的数据都能安全、有序地保存。考虑到轮机辅助设备可能产生的数据量过大，系统应具备可扩展性，以适应数据增长的需求。其次，数据管理系统应具备高效的数据处理能力。这包括数据清洗、转换和整合等功能，以确保数据的准确性和一致性。通过这些处理，可以最大限度地减少数据中的错误和不一致性，从而提高数据质量。最后，通过对运行数据的深入分析，可以识别出设备性能的异常和潜在问题，为预防性维护提供有力支持。这种分析能力还有助于优化设备的运行参数，提高整体运行效率。为了实现这些功能，数据管理与分析系统可能需要借助先进的技术和工具，如大数据分析平台、机器学习算法等，这些技术的运用可以进一步提高数据处理的自动化水平和分析精度。因此，一个完善的数据管理与分析系统对于确保轮机辅助设备运行数据的完整性和质量具有至关重要的作用。通过强大的数据存储、高效的数据处理和深入的数据分析，系统能够为设备的稳定运行和优化提供有力保障。

四、轮机辅助设备运行数据安全与隐私保护

（一）数据传输与存储过程中的安全风险

在轮机辅助设备运行数据的传输与存储过程中，安全风险无处不在，且可能带来严重的后果。数据传输时，除了可能遭遇黑客攻击导致数据泄漏外，不稳定的网络环境也是一个常被忽视的风险点。网络波动可能导致数据包丢失或损坏，进而影响数据的完整性和准确性。因此，除了加密措施外，还需要采用可靠的数据传输协议，以确保数据在不稳定网络环境下的稳定传输。在数据存储环节，安全风险同样不容忽视。如果存储设备的安全防护性能不够强大，可能会遭受恶意攻击，导致数据被篡改或删除。同时，存储设备的物理损坏也是一个潜在的风险，如火灾、水灾等自然灾害可能导致数据永久丢失。因此，除了对数据库进行安全加固外，还需要建立数据备份和恢复机制，以防数据丢失。为了降低这些风险，可以采取一系列综合措施。例如，使用安全的文件传输协议（SFTP）进行数据传输，以确保数据的机密性和完整性。同时，对存储设备进行定期的安全检查和维护，防止存储设备受到物理损坏和恶意攻击。此外，还需建立多层次的数据备份机制，包括本地备份和远程备份，以确保在任何情况下都能迅速恢复数据。

（二）防止数据泄漏与非法访问的措施

在轮机辅助设备运行数据的安全管理中，防止数据泄漏与非法访问是至关重要的。为了实现这一目标，需要建立一套完善的数据安全防护体系。首先，要严格控制数据的访问权限，确保只有经过授权的人员才能访问相关数据。这可以通过实施基于角色的访问控制（RBAC）来实现，根据用户的角色和职责分配不同的数据访问权限。其次，加强对数据的监控和审计也是必不可少的。通过实时监控数据的访问和使用情况，可以及时发现异常行为并采取相应的应对措施。同时，定期对数据进行安全审计，检查数据的完整性和安全性，以确保数据没有被非法篡改或泄漏。最后，要加强员工的信息安全意识培训。通过定期的培训和教育活动，提高员工对数据安全的重视程度

和防范意识。同时，建立完善的奖惩机制，对违反数据安全规定的行为进行严肃处理，以起到警示和震慑作用。

（三）加密技术与匿名化处理的应用

加密技术与匿名化处理在保护轮机辅助设备运行数据安全方面发挥着举足轻重的作用。通过采用先进的加密算法和技术手段对数据进行加密处理，可以确保数据在传输和存储过程中的机密性和完整性不受损害。同时，加密技术还可以防止数据被非法窃取或篡改，从而保护数据的真实性和可靠性。除了加密技术外，匿名化处理也是保护数据隐私的重要手段之一。通过对数据进行脱敏和匿名化处理，可以隐藏数据中的敏感信息和个人隐私内容。这样一来，在处理和分析数据时就无法直接识别出具体的个人或实体信息，从而降低了数据泄漏和滥用的风险。为了充分发挥加密技术与匿名化处理的作用，需要综合考虑数据的类型、使用场景和安全需求等因素。例如，在数据传输过程中可以采用SSL/TLS等安全协议进行加密传输；在数据存储时可以采用透明数据加密（TDE）等技术对数据进行加密保护；在处理敏感数据时可以采用k-匿名性、l-多样性等匿名化处理方法来保护个人隐私。通过综合运用这些技术手段和方法，可以全面提高轮机辅助设备运行数据的安全性和隐私保护水平。

五、轮机辅助设备运行数据技术与系统整合

（一）不同数据源与系统的整合挑战

在轮机辅助设备运行数据管理中，常常会遇到来自不同数据源与系统的数据，如传感器数据、监控系统数据、维护记录等。这些数据源可能采用不同的技术架构、数据存储格式和数据传输协议，导致数据整合面临诸多挑战。首先，不同数据源之间的数据同步就是一个难题，需要确保各个数据源的数据能够实时、准确地同步到中心数据库中。其次，数据质量的差异会给整合带来困难，有些数据源可能提供高质量的数据，而有些则可能存在数据缺失、异常值等问题。为了克服这些挑战，可以采用数据中间件技术，通过统一的数据接口和数据映射规则，实现不同数据源的无缝对接和数据整合。

（二）数据格式与标准的统一问题

轮机辅助设备运行数据来自各种设备和系统，因此数据格式和标准往往不统一。这种不统一不仅增加了数据处理的复杂性，还可能导致数据误解和错误。为了解决这个问题，需要制定一个统一的数据格式和标准。这可以通过采用通用的数据交换格式（如XML、JSON等）和国际标准（如ISO 8000数据元标准）来实现。同时，需要建立数据字典和数据元管理规范，明确每个数据元的含义、数据类型和取值范围等，以确保数据的一致性和准确性。通过这些措施，可以大大降低数据处理和分析的难度，提高数据的可用性和可靠性。

（三）跨平台数据交换与互操作性的解决方案

在轮机辅助设备运行中，跨平台数据交换和互操作性是至关重要的。不同系统之间需要能够无缝地共享和交换数据，以实现协同工作和信息互通。为了实现这一目标，可以采用标准化的数据交换协议和接口，如RESTful API、SOAP等。这些协议和接口能够提供统一的数据访问方式，使得不同系统能够轻松地获取和共享数据。此外，还可以利用消息队列、事件驱动等机制实现系统之间的异步数据交换和通信。通过这些解决方案，可以大大提高系统的互操作性和灵活性，促进轮机辅助设备运行数据的全面整合和高效利用。

（四）数据安全与隐私保护

在轮机辅助设备运行数据的整合过程中，数据安全与隐私保护是至关重要的。由于这些数据往往包含着设备的运行状态、性能指标等敏感信息，一旦被非法获取或篡改，可能会对设备的安全运行造成严重影响。因此，在整合数据时，我们必须采取严格的安全措施。首先，要确保数据传输过程中的安全性，通过使用加密技术来保护数据的机密性和完整性，防止数据在传输过程中被截获或篡改。其次，在数据存储环节，我们需要采用访问控制和身份验证机制，确保只有授权人员才能访问和修改数据。最后，为了防止数据泄漏，应定期对数据进行备份，并存储在安全的环境中，以防止意外丢失或损坏。通过这些措施，可以确保轮机辅助设备运行数据在整合过程中的安全性和隐私性，为设备的稳定运行提供有力保障。

（五）数据清洗与预处理

数据清洗与预处理是轮机辅助设备运行数据整合中不可或缺的一环。在整合来自不同数据源的数据时，我们经常会遇到数据格式不一致、存在缺失值或异常值等问题。为了解决这些问题，我们需要进行数据清洗与预处理工作。首先，我们要对数据进行去重处理，消除重复记录，以确保数据的唯一性和准确性。其次，对于缺失值，我们可以采用插值、回归等方法进行填补，以保证数据的完整性。同时，我们还需要识别和处理异常值，避免它们对数据分析结果造成干扰。最后，为了方便后续的数据分析和挖掘工作，我们需要对数据进行类型转换和标准化处理。通过这些清洗和预处理步骤，我们可以得到更加准确、可靠的数据集，为后续的数据分析和应用奠定坚实基础。

（六）实时数据处理与流式计算

轮机辅助设备的运行数据具有实时性强的特点，因此实时数据处理与流式计算在数据整合中显得尤为重要。流式计算技术能够实时处理大量的数据流，及时发现数据中的异常和模式，为设备的监控和预警提供有力支持。在整合过程中，我们可以采用流式计算框架对实时数据进行处理和分析，可以使用Apache Kafka等消息队列技术来收集和传输实时数据，然后使用Apache Storm或Apache Flink等流式计算框架对数据进行实时处理。通过这种方式，我们可以及时获取设备的运行状态和性能指标，及时发现异常情况并采取相应的措施，确保设备的稳定运行。

六、轮机辅助设备运行数据中心人员技能与培训

（一）数据科学与分析技能的需求

在轮机辅助设备运行数据管理中，数据科学与分析技能的需求日益凸显。随着大数据技术的快速发展，轮机辅助设备产生的运行数据呈现出爆炸式增长，如何有效地从海量数据中提取有价值的信息，成为企业面临的重要问题。数据科学与分析技能不仅能够帮助我们从复杂的数据中挖掘出隐藏的模式和趋势，还能为企业决策提供科学依据。因此，具备数据清洗、数据处理、数据可视化以及机器学习等技能的数据科学家和分析师在轮机辅助设备运行数据管理中扮演着举足轻重的角色。他们通过对数据的深入剖析，可以帮助企业优化设备运行效率、预防潜在故障，并推动企业的数字化转型。

（二）培训现有员工或招聘新人才的挑战

在轮机辅助设备运行数据管理中，提升现有员工的数据科学与分析技能或招聘具备这些技能的新人才都面临着一定的挑战。对于现有员工而言，他们可能缺乏数据科学的基础知识和实践经验，需要通过系统的培训和实践来逐步提升。然而，培训过程中可能会遇到员工学习动力不足、培训资源有限等问题。另外，招聘新人才虽然能够迅速引入具备数据科学与分析技能的人才，但也可能面临招聘成本高、新员工融入团队时间长等挑战。因此，企业需要在培训现有员工和招聘新人才之间找到平衡点，并根据自身实际情况制定合理的人力资源策略。

（三）建立数据驱动文化的重要性

在轮机辅助设备运行数据管理中，建立数据驱动的文化至关重要。一个以数据为核心的企业文化能够鼓励员工积极运用数据进行分析和决策，从而提高企业的运营效率和创新能力。数据驱动的文化还能促进企业内部的跨部门协作，打破信息孤岛，实现数据资源的共享和优化配置。此外，通过建立数据驱动的文化，企业可以培养员工的数据意识，使他们更加注重数据的准确性和完整性，进而提高整个企业的数据质量。这种文化的形成需要企业领导层的支持和推动，以及全体员工的共同努力和实践。通过不断强调数据的重要性、提供数据分析和决策的培训机会，以及建立相应的激励机制，企业可以逐步建立起一个以数据为驱动的工作环境。

（四）技能培训的持续性与更新

在轮机辅助设备运行数据管理领域，技能培训的持续性与更新至关重要。随着科技的飞速发展，新的数据分析工具和技术层出不穷，这就要求员工必须不断更新自己的知识体系，以适应这些变化。企业需要建立一个持续性的培训体系，定期为员工提供最新的技能培训。这种培训不仅涵盖新的数据分析方法和工具的使用，还包括对新兴技术的深入了解和实践应用。通过持续性的培训，员工能够保持与行业发展的同步，更好地利用新技术提高轮机辅助设备运行数据的处理效率，从而为企业创造更大的价值。同时，这种持续性的培训体系也有助于激发员工的学习热情和创新精神，推动企业整体技术水平的提高。

（五）跨领域技能的融合

在轮机辅助设备运行数据管理中，跨领域技能的融合显得尤为重要。员工不仅需要掌握数据科学和分析技能，还需要对轮机设备的工作原理、维护保养等专业知识有所了解。这种跨领域的技能融合有助于员工更全面地理解数据背后的实际意义，从而做出更准确的判断和决策。为了实现这种技能融合，企业可以鼓励员工参与跨部门的学习和交流，提供多元化的培训资源和实践机会。例如，可以组织定期的技术分享会，邀请不同领域的专家为员工讲解相关知识，或者安排员工顶岗实习，亲身体验不同部门的工作流程和业务需求。通过这些措施，员工能够更全面地提高自己的技能水平，更好地服务于轮机辅助设备运行数据管理工作。

（六）培训效果的评估与反馈

在轮机辅助设备运行数据管理的培训过程中，培训效果的评估与反馈是不可或缺的环节。为了确保培训内容的针对性和实效性，企业需要建立完善的评估机制，定期对员工的培训成果进行考核。评估可以通过多种方式进行，如书面测试、实际操作演练、项目应用等，以全面检验员工对培训内容的掌握情况。同时，企业还应积极收集员工的反馈意见，了解他们对培训内容和方式的需求与建议，以便及时调整和优化培训计划。通过持续的评估与反馈，企业可以确保培训工作的有效性，提高员工的整体技能水平，为轮机辅助设备运行数据管理提供有力的人才保障。

七、轮机辅助设备运行数据的法规与合规性

（一）遵守不断变化的国际与国内数据保护法规

在轮机辅助设备运行数据的管理过程中，严格遵守国际与国内数据保护法规是企业不可推卸的责任。这些法规不仅涉及数据的收集、存储和处理，还包括数据的共享、使用和销毁等各个环节。随着技术的不断进步和法规的不断完善，企业必须时刻保持警惕，确保自身的数据处理活动符合最新的法规要求。为了做到这一点，企业需要建立一套动态更新的合规体系。这个体系应该包括定期的法律法规审查机制，以及针对新法规的快速响应机制。同时，企业还应该加强员工的法规培训，提高全员对数据保护和合规性的认识。此外，企业还可以考虑引入外部的法律咨询服务，以便更及时、更准确

地了解和掌握法规的动态变化，从而确保企业的数据处理活动始终在法律的框架内进行。

（二）跨境数据传输的法律限制与合规要求

在全球化经济的背景下，轮机辅助设备运行数据的跨境传输变得越来越频繁。然而，不同国家和地区的数据保护法规不尽相同，这给跨境数据传输带来了诸多的法律限制和合规要求。因此，企业在进行跨境数据传输时，必须充分了解并遵守相关国家和地区的法律法规。为了确保跨境数据传输的合法性和安全性，企业需要建立一套完善的跨境数据传输管理机制。这个机制应该包括数据传输前的法律风险评估、传输过程中的数据加密和身份验证措施，以及传输后的数据使用和监管等各个环节。此外，企业还需要与接收方建立明确的数据传输协议，规定双方的权利和义务，以确保数据的合法使用和保护。通过这些措施，企业可以有效地降低跨境数据传输的法律风险，保障数据的合规性和安全性。

（三）与法律顾问合作确保合规性的策略

在轮机辅助设备运行数据的管理中，与法律顾问的紧密合作是确保企业合规经营的重要一环。法律顾问不仅具备深厚的法律专业素养，还能为企业提供量身定制的法律解决方案，帮助企业在复杂多变的法律环境中稳步前行。为了充分发挥法律顾问的作用，企业应该与法律顾问建立长期稳定的合作关系，并定期组织沟通交流会议，就数据处理活动中的法律问题进行深入探讨。同时，企业还可以邀请法律顾问参与内部培训和政策制定过程，以提高全员对合规性的认识和重视程度。通过这些合作策略，企业可以更加准确地把握法规动态和合规要求，确保自身的数据处理活动始终符合法律法规的规定。这不仅有助于降低企业的法律风险，还能提升企业的社会信誉和市场竞争力。

（四）数据安全防护与合规性

在轮机辅助设备运行数据的管理中，数据安全防护是确保合规性的核心环节。随着信息技术的迅猛发展，数据泄漏、黑客攻击等安全隐患日益凸显，这使数据安全防护显得尤为重要。为了确保轮机辅助设备运行数据的安全性，企业必须采取一系列严格的安全防护措施。首先是数据加密，对于所有重要的运行数据，应采用国际标准的加密算法进行加密处理，确保数据在传输和存储过程中的机密性。这样即使数据被非法获取，也难以被解密和利用。其次是安全存储，企业应选择可靠的存储设备，并建立完善的数据备份和恢复机制。通过定期备份数据，确保在设备故障或数据丢失时能够及时恢复，从而保障数据的完整性和可用性。

企业还应加强网络安全防护，建立完善的防火墙、入侵检测系统等安全设施，防止黑客攻击和恶意软件的侵入。同时，定期对系统进行安全漏洞扫描和修复，确保系统的安全性。通过这些数据安全防护措施，企业能够最大限度地保护轮机辅助设备运行数据的安全，进而确保企业的合规运营。

（五）应对法律变化与合规挑战

面对不断变化的法律环境和合规挑战，企业必须具备灵活应对的能力。轮机辅助设备运行数据涉及的法规众多，且随着技术的发展和社会的进步，这些法规也在不断更新和完善。为了应对法律变化带来的合规挑战，企业应建立专门的法律团队或与法律顾问保持紧密合作。这个团队需要密切关注国内外相关法律法规的动态变化，及时为企业提供法律风险评估和合规建议。同时，企业还应建立完善的内部合规机制，包括制定合规政策、开展合规培训、设立合规监督岗位等。通过这些措施，确保企业全体员工都具备合规意识，严格遵守相关法律法规。在面对具体的合规挑战时，企业应积极与监管部门沟通协作，主动配合相关调查和检查。通过展现企业的合规努力和诚意，赢得监管部门的信任和支持，共同推动行业的合规发展。

（六）促进企业内部合规文化建设

在轮机辅助设备运行数据的管理中，促进企业内部合规文化的建设是确保企业经营长期合规的关键。合规文化不仅是一套规章制度，更是一种深入人心的价值观念和行为准则。为了培养员工的合规意识，企业应定期开展合规培训和教育活动。通过讲解法律法规、分析合规案例、分享合规经验等方式，让员工深刻理解合规的重要性，并学会在实际工作中如何遵守相关法律法规。企业还应建立激励机制，鼓励员工积极参与合规工作。对于在合规工作中表现突出的员工，应给予相应的奖励和表彰，以此激发全体员工参与合规工作的积极性和主动性。通过促进企业内部合规文化的建设，企业能够形成一种自觉遵守法律法规、注重诚信经营的良好氛围。这有助于降低企业的法律风险，还能提升企业的社会形象和市场竞争力。

第3章 轮机辅助设备运行数据采集技术与传感器应用

在轮机系统中，辅助设备的运行数据是评估设备性能、预防潜在故障以及优化运行效率的关键信息源。为了精准地获取这些数据，数据采集技术和传感器的应用显得尤为重要。随着科技的进步，数据采集技术已经历了数次革新，从最初的手工记录到现代的自动化、智能化数据采集系统，每一次的跃升都极大地提高了数据获取的准确性和效率。传感器作为数据采集的前端设备，在轮机辅助设备中扮演着举足轻重的角色。它们能够将各种物理量，如温度、压力、流量等，转换成可测量的电信号，从而实现对设备运行状态的实时监控。传感器的精度和可靠性直接影响到数据采集的质量和后续的数据分析工作。本章将深入探讨数据采集技术的发展历程，从早期的简单记录到现在的高精度、高速度采集技术，揭示技术进步如何为轮机辅助设备的运行数据收集带来革命性的变化。同时，我们还将通过具体的传感器应用案例，展示传感器在轮机辅助设备中的重要作用，以及如何通过传感器的合理配置和优化来提升数据采集的效果。通过对本章内容的学习，读者将更加深入地理解数据采集技术和传感器在轮机辅助设备运行数据管理中的核心地位，从而为后续的数据分析、设备维护和管理决策提供坚实的基础。

轮机辅助设备运行数据采集技术的发展历程

在轮机辅助设备的运行管理中,数据采集是至关重要的一环。它不仅是设备状态监测、故障诊断和预防性维护的基础,还是优化设备运行效率、确保航行安全的关键。随着科技的飞速发展,数据采集技术也经历了从简单到复杂、从低效到高效的演变过程。本节将带领读者回顾数据采集技术的发展历程,从最初的手工记录到现代的自动化、智能化数据采集技术,将一一揭示这些技术变革如何深刻影响了轮机辅助设备的管理方式。通过了解这段历史,不仅能更好地理解当前数据采集技术的原理和应用,还能对未来技术的发展趋势有所预见。

一、轮机辅助设备运行数据采集技术:定义、重要性与应用意义

(一)轮机辅助设备运行数据采集技术的定义与重要性

轮机辅助设备运行数据采集技术,是指运用专业的传感器、数据采集器等硬件设备,结合相应的软件技术,对轮机辅助设备在运转过程中产生的各种数据进行实时捕捉、转换、传输与储存的技术。这些数据包括但不限于温度、压力、振动、转速、流量等电力参数,它们是反映设备运行状态、性能及潜在问题的重要信息源。在现代航运业中,轮机辅助设备的正常运行是船舶安全、高效运营的关键。数据采集技术在这里扮演着至关重要的角色。首先,数据采集技术为轮机辅助设备提供了实时的健康监测。通过连续不断地收集设备运行数据,可以及时发现异常情况,比如温度过高、压力异常等,从而迅速作出反应,防止小问题演变成大故障,确保船舶的运营安全。其次,数据采集技术还是实现精准维护的基石。传统的定期维护模式往往存在过度维护或维护不足的问题,而基于实时数据的预防性维护则能更加精确地判断设备的维护需求。通过对采集到的数据进行深度分析,可以预测设备部件的寿命,合理安排维护计划,减少不必要的停机时间,提高设备的利用

率。再次，轮机辅助设备运行数据采集技术对于提升船舶运营的经济性也具有重要意义。通过对设备运行数据的实时监测和分析，可以优化设备的运行策略，比如调整设备的运行参数，使其在最佳效率点工作，从而降低能耗，减少运营成本。同时，这些数据还可以为船舶的能效管理提供有力支持，帮助航运企业达到节能减排的目标。最后，数据采集技术还为轮机辅助设备的研发和改进提供了宝贵的数据支持。通过对大量运行数据的分析，可以发现设备设计中的不足，为新一代设备的研发提供改进方向。这种基于数据的反馈机制，有助于推动轮机辅助设备的技术创新和性能提升。综上所述，轮机辅助设备运行数据采集技术不仅关乎船舶的安全运营，还是实现精准维护、提高运营经济性以及推动技术创新的关键所在。

（二）轮机辅助设备运行数据采集的意义

1.保障船舶安全运营

轮机辅助设备运行数据采集的首要意义在于确保船舶的安全运营。船舶在航行过程中，轮机辅助设备的正常运行至关重要。数据采集技术通过实时监测设备的各项参数，如温度、压力、转速等，能够及时发现设备的异常情况。一旦数据出现异常波动，系统就会立即发出警报，通知船员进行检查和维修。这种即时的反馈机制大大提高了船舶运营的安全性，有效预防了可能的事故发生。例如，如果冷却系统的温度传感器显示温度过高，这可能意味着冷却系统存在问题。通过数据采集技术及时发现并处理这一问题，可以避免设备过热损坏，甚至引发火灾等严重后果。因此，轮机辅助设备运行数据采集技术在保障船舶安全运营方面发挥着不可替代的作用。

2.提高设备维护效率

传统的设备维护模式往往是基于时间或运行小时数进行定期维护，这种方式可能导致维护过度或维护不足。而轮机辅助设备运行数据采集技术的应用，使得设备的维护更加精准和高效。通过对设备运行数据的实时监测和分析，可以预测设备的使用寿命和维护需求，从而制订合理的维护计划。例如，通过对轴承振动数据的分析，可以预测轴承的磨损情况，及时更换磨损严重的轴承，避免设备故障。这种基于数据的预防性维护模式，不仅可以延长设备的使用寿命，还可以减少意外停机时间，提高设备的维护效率。数据采集技术在这一过程中的作用至关重要，它提供了准确的数据支持，使得设备的维护更加科学和精准。

3.优化设备运行参数

轮机辅助设备运行数据采集的另一个重要意义在于优化设备的运行参数。通过对采集到的数据进行深入分析，可以发现设备运行中的"瓶颈"和问题所在，进而调整设备的运行参数以达到最佳性能。这种优化不仅可以提高设备的运行效率，还可以降低能耗和减少排放。以燃油泵为例，通过实时监测燃油泵的压力和流量数据，可以调整燃油泵的转速和出口阀门开度等参数，使其工作在最佳状态。这样不仅可以提高燃油泵的效率，还可以降低能耗和较少污染物的排放。数据采集技术在这一过程中提供了关键的数据支持，使得设备的运行参数优化成为可能。

4.支持决策制定

轮机辅助设备运行数据采集技术还为船舶运营者的决策提供了有力支持。在制订航行计划、选择航线、确定航速等决策过程中，设备运行数据是重要的参考依据。通过对历史运行数据的分析，可以预测设备在不同条件下的性能表现，从而帮助运营者做出更加合理的决策。例如，在制订航行计划时，可以根据设备的历史能耗数据来选择能耗较低的航线或航速组合。这样不仅可以降低运营成本，还可以减少对环境的影响。因此，数据采集技术在这一过程中发挥了关键作用，它提供了准确、全面的数据支持，使得决策更加科学和合理。

二、轮机辅助设备运行数据采集技术的起源与发展初期

（一）手工记录时代

在数据采集技术的手工记录时代，轮机辅助设备的运行数据完全依赖于人工进行定时、定点地观察和记录。这一时期的数据采集工作，虽然原始且烦琐，但在当时的技术背景下却是不可或缺的环节。工作人员通常手持记录本和测量工具，定时巡检在轮机辅助设备周围。他们使用温度计、压力计等简易测量设备，逐一读取各个关键部位的温度、压力等参数。这些数据是评估轮机运行状态的重要依据，因此记录过程需要极高的准确性和细致入微地观察。然而，手工记录的方式存在着诸多局限性。首先，人的反应速度和记录能力有限，对于高频次的数据变化往往难以捕捉。其次，长时间的数据记录工作极易导致人员疲劳，进而影响数据的准确性。最后，手工记录的数据

处理速度较慢，难以及时反映出轮机辅助设备的运行状态变化，这在某种程度上增加了设备故障的风险。

（二）机械化数据采集的起步与初期应用

随着工业技术的不断进步，机械化数据采集技术逐渐崭露头角。这一技术的出现，旨在解决手工记录方式的种种弊端，提高数据采集的效率和准确性。在机械化数据采集的起步阶段，人们开始尝试将机械装置与数据采集相结合。这些机械化数据采集仪器，如机械式记录仪、压力传感器等，能够通过机械传动和自动记录装置，连续、准确地记录和显示数据的变化。这一创新极大地减轻了工作人员的负担，提高了数据采集的效率和精确度。然而，机械化数据采集技术在初期应用中也暴露出一些问题。首先，这些设备的成本相对较高，对于许多小型企业而言是一笔不小的开销。其次，机械化数据采集仪器的维护和保养相对复杂，需要专业的技术人员进行操作和维修。最后，这些设备在某些特定环境下的适应性有限，如高温、高湿等恶劣条件可能会对设备的正常运行造成影响。尽管如此，机械化数据采集技术的出现仍被视为数据采集领域的一大革命。它不仅提高了数据采集的效率和准确性，还为后续的自动化和数字化数据采集技术奠定了坚实的基础。随着技术的不断发展，人们开始探索更为先进、智能的数据采集方法，以满足现代工业生产对数据采集的更高要求。

（三）手工记录与机械化数据采集的对比分析

在轮机辅助设备运行数据采集技术的发展过程中，手工记录和机械化数据采集是两种截然不同的方式，它们各自具有鲜明的特点和优缺点。手工记录方式虽然原始，但在技术条件有限的时期发挥了重要作用。它的优点在于简单易行，无须复杂的设备支持，能够根据实际情况进行灵活调整。然而，手工记录的缺点也显而易见，效率低下、准确性受限以及数据处理速度慢等。这些问题使得手工记录方式难以适应现代工业生产对数据采集的高效、准确要求。相比之下，机械化数据采集技术则展现出更高的效率和准确性。通过机械装置和自动记录功能，它能够连续、实时地记录和显示数据变化，大大减少了人为因素的干扰。此外，机械化数据采集还为后续的数据分析和处理提供了更为便捷、高效的手段。然而，机械化数据采集技术的缺点也不容忽视，如设备成本高、维护保养复杂以及在特定环境下的适应性有限等。这两种数据采集方式在历史上曾并存过一段时间，但随着技术的进步和成本的降低，机械化数据采集逐渐取代了手工记录方式，成为现代工业生产中主流的数据采集手段。

（四）机械化数据采集技术的发展趋势与挑战

机械化数据采集技术在轮机辅助设备运行数据采集领域的应用不断扩展和深化。随着技术的不断进步和创新，未来的机械化数据采集将朝着更加智能化、自动化的方向发展。一方面，随着传感器技术、计算机技术和通信技术的飞速发展，机械化数据采集系统将实现更高精度的数据采集、更快速的数据传输以及更智能的数据处理功能。这将为轮机辅助设备的状态监测、故障诊断和预防性维护提供更为强大的支持。另一方面，机械化数据采集技术的发展面临着诸多挑战。首先，如何在保证数据采集准确性的同时降低设备成本和维护难度是一个亟待解决的问题。其次，随着数据采集需求的不断增加和数据量的急剧增长，如何有效地存储、管理和分析这些数据也成为一个重要的研究课题。此外，在特定环境下（如高温、高压、腐蚀等恶劣条件）如何确保机械化数据采集仪器的稳定运行也是一个需要关注的问题。总之，在轮机辅助设备运行数据采集技术的起源与发展初期阶段，手工记录和机械化数据采集是两种重要的数据采集方式。它们各自具有鲜明的特点和优缺点，并在历史上发挥了重要作用。随着技术的不断进步和创新，未来的机械化数据采集技术将朝着更加智能化、自动化的方向发展，为轮机辅助设备的状态监测和故障诊断提供更为强大的支持。

三、轮机辅助设备运行电子数据采集技术的兴起

（一）电子数据采集系统的基本原理

电子数据采集系统，作为现代信息技术的重要组成部分，其基本原理涉及信号的转换、传输与处理。在轮机辅助设备运行中，电子数据采集系统首先通过各类传感器捕捉设备的各种物理参数，如温度、压力、转速等。这些传感器能够将物理量转换为电信号，进而通过信号调理电路进行放大、滤波和去噪，确保信号的稳定性和准确性。经过预处理后的电信号会被数据采集卡进一步转换为数字信号，这是因为数字信号在传输和存储过程中具有更高的抗干扰能力和稳定性。数据采集卡在这一过程中发挥着关键作用，它不仅负责模数转换，还要确保数据的采样率和分辨率满足系统要求。最终，这些

数字信号会被传输到计算机系统中进行处理。计算机软件则负责对数据进行记录、分析、存储以及可能的进一步操作，如生成报告、触发警报等。

（二）电子数据采集技术在轮机辅助设备中的初步应用

在轮机辅助设备中，电子数据采集技术的初步应用主要体现在实时监测、故障诊断与预防性维护上。通过安装在设备关键部位的传感器，系统能够实时捕捉设备的运行状态，及时发现异常情况。例如，在轮机的润滑油系统中，通过检测油温、油压等参数，系统可以判断润滑油的性能和设备的润滑状态。一旦发现异常，如油温过高或油压过低，系统则会立即发出警报，提醒操作人员及时检查并处理。此外，电子数据采集技术还能用于设备的能效监测与优化。通过收集设备运行数据，分析设备的能耗情况，可以帮助企业找到节能潜力，提出优化建议。

（三）电子数据采集技术的优势与挑战探讨

电子数据采集技术相比传统方法具有显著优势。首先，它大大提高了数据采集的效率和准确性，减少了人为错误。其次，实时监测功能使得设备的异常情况能够被及时发现和处理，降低了故障发生的概率。最后，通过数据分析，企业可以更加精准地进行设备维护和能效优化，从而提高运营效率。然而，这一技术也面临着挑战。数据安全是一个重要问题，如何确保数据在传输和存储过程中的安全性，防止数据泄漏或被篡改，是电子数据采集技术需要解决的关键问题。此外，不同设备、系统之间的数据集成和共享也是一个技术难题。随着技术的不断进步和设备的更新换代，如何保持系统的兼容性和可扩展性也是一个值得考虑的问题。

四、轮机辅助设备运行自动化与智能化数据采集技术的发展

（一）轮机辅助设备自动化运行中的数据智能采集技术应用

船舶自动化起源于20世纪50年代，经过70年的发展已经由单个设备的自动控制进入信息化、智能化的阶段。船舶自动化技术开始于机舱设备的自动化，并逐渐发展至航行自动化、货物装卸自动化、锚泊及动力定位自动化直至形成了集成船舶管理系统。1960年，前船舶自动化经历了单装置自动化阶段，采用的是分散、独立的控制系统，如自动舵、锅炉自动燃烧装置、自动

火警信号和自动灭火装置。在20世纪60年代出现了以集中监测与遥控为主的第一代自动化船舶，中期出现了无人值班机舱为核心的第二代自动化船舶，末期出现了全面实现计算机控制的第三代自动化船舶。1979年出现了以计算机集散式控制为主的第四代自动化船舶。目前船舶自动化正朝着微型化、智能化和网络化的方向发展。随着计算机网络技术的发展，船舶自动化将从船上向陆地上扩展，并将逐渐形成船岸一体化。近年来，船舶发展的突出特点是专业化、大型化和自动化，船舶自动化程度越来越高，并实现了机舱管理的全自动化。在现代船舶发展过程中，轮机自动化扮演着非常重要的角色，并不断推动船舶自动化朝着信息化和智能化的方向发展。

传统观点认为，轮机自动化是由各种自动化仪表及控制元件和逻辑元件包括计算机在内所组成的各种自动控制系统和监视系统，主要内容包括反馈控制系统、辅助设备的自动控制、主机遥控系统和监视与报警系统。传统的机床自动化技术主要是指主推进装置的遥控系统、电站及电能的控制管理系统、通用的控制监测系统。传统的轮机自动化主要体现在对设备或系统的控制上，为了便于维修和管理，轮机自动化逐步发展到维修自动化、管理自动化，最终形成智能化的轮机自动化系统。

1.轮机自动化的最新发展

Kongsberg公司的K-Chief 500船舶自动控制系统具有良好的人机界面、故障自我诊断能力，具有较高的可靠性，是国际上比较先进的船舶自动控制系统。该系统包括监视与报警系统、辅助设备控制系统、电气控制系统、推进装置控制系统（AutoChief·C20）、压载控制系统、货物监控系统、空调系统、消防系统、信息管理系统等。借助于双冗余LAN（局域网）把系统集成在一起，通过RCU（远程控制单元）实现对船舶设备信息的采集和实时控制，通过DPU（分布式处理单元）实现接收数字或模拟传感信息并实现对设备的控制。DPU具有分散风险的能力，当其中某个单元出现故障，不会影响到电力、通信和传感器，通过BIST（嵌入式系统测试）可以实现故障检测和报警。上海水域环境发展有限公司、上海海事大学、中国船舶重工集团公司第704研究所共同研发建造了"世纪之光"号嵌入式控制电力推进清扫船。该船的推进与操纵控制系统、电能管理系统和远程监测系统均采用嵌入式控制技术。山东半岛地区建造的4 000 DWt多用途船以自动化测量和控制设备来代替轮机人员的操纵和管理，提高了效率和效能。其控制系统主要由主推进系统、发电机组及电站自动化、副机自动化设备、监视与故障报警系统、火灾探测系统等多个子系统组成，具有自动化程度高、可靠性高、维护简洁等特点，其主推进系统、监视与故障报警系统采用了PLC技术，由此可见，我国在轮机自动化技术研发和造船方面取得了不少成果。

2. 轮机自动化的主要功能

（1）设备自动化

设备控制的自动化是轮机自动化的基本内容，通过对现有的轮机设备进行控制和监测，确保设备的正常运行。设备自动化不仅包括单台运行设备，还包括为实现某一控制功能的多台设备组成的系统，如主推进控制系统，不仅包括柴油机，还包括相配套的泵、轴、桨等设备。设备自动化需要将机舱设备按照功能或工况参数进行分类，采用模块化的思想进行设计，将部分设备或工况参数集成到现场计算机，然后通过局域网技术传送到上位机的管理平台上。设备自动化是在实现对设备控制的基础上，设置相应的监测与报警系统。船舶实现高度现代化的同时，船舶安全已成为人们关注的重要问题，主要有三个方面的因素，即船舶内部因素、人为因素和外部因素。国际海事组织（IMO）对近年来海上事故调查分析的结果表明，人的因素在造成各种事故中所占的比例接近80%。提高船舶安全的根本途径在于提高船舶自动化的水平，提高船舶自动化设备和系统的可靠性，尽量减少人为因素造成的影响，增设船舶安全的综合控制系统。机舱监测与报警系统不仅是轮机自动化的重要内容，还是船舶安全的综合控制系统的重要组成部分，是减轻轮机员工作强度、减少事故发生的主要手段。基于CAN总线的Datachief C20监测报警和控制系统集中体现了当前船舶机舱监控技术的先进水平，Datachief C20系统的结构组成及丰富的监控功能，使该系统在船舶自动化领域将有着广阔的应用前景。

（2）维修自动化

维修自动化是现代船舶维修的要求之一，包括维修信息的自动化和维修备件的模块化。现代化船舶的设备越来越多，需要维护保养的设备也越来越多，预防维修已经代替了事后维修。随着自动化技术的发展，新型传感器技术可以对设备运行状况进行检测。New Sulzer Diesel公司研制的SIPWA-TP活塞环检测系统，能够提供活塞环的磨损趋向，为轮机员管理及检修主机提供科学依据同时，基于计算机管理的维修平台将给轮机人员提供更多的分析信息，大大提高了维修的自动化水平。对于周期性维修，在到达维修周期前，系统将发出报警信息，可以生成维修报表，轮机员也可以随时查看需要维修的设备，以便做好维修计划。对于轮机自动化系统来说，如果采用的控制系统品种繁杂，设备复杂，电子板品种太多，成本高，每种电子板船上无备件，航行中的船舶一旦发生故障，船员无法自行修复，这将严重影响船舶安全。通过提出采用PCC通用可编程采集控制器及PTC通用通信路由器平台，全船仅一种硬件备件，彻底解决了船舶自动化设备维修难而影响船舶安全的问题，也提高了船舶自动化系统的性能。随着自动化技术的发展，将会出现越来越多的便于维修的轮机自动化系统和设备，因此，在设计轮机自动化系统时必须考虑到维修自动化。

（3）管理自动化

随着检测技术、自动控制技术、智能技术、计算机技术、网络技术、信息技术的发展和应用，出现了以信息为核心的，集监测、控制和管理于一体的网络化、信息化和智能化的船舶综合平台管理系统。该系统为日趋复杂的船舶设备和系统提供更简便、可靠的操作界面，包括推进监控分系统、电力监控分系统、综合船桥分系统、辅助管理分系统、视频监视分系统。文献对船舶信息集成实验平台进行了设计，经过教学实践证明了管理自动化的优点。随着船舶自动化程度的不断提高，船舶系统信息和控制一体化以及船舶自动化系统正在向船舶信息集成化方向发展。通过网络技术把轮机自动化及监视管理、船舶营运管理、航海自动化、闭路电视监控系统、模拟训练、实时远程诊断和专家系统等功能纳入一个统一的框架———船舶信息集成实验平台。集成控制与监视系统（integrated control and monitoring systems, ICMS），将存储与采购管理、工作职责、日志、设备故障、工程师修理的工作计划和程序等船舶管理集成起来。由于存在大量的数据和技术，操作者需要面对更多更快的数据流，决策过程变得更加复杂，因此，ICMS应用将更加广泛。由于船舶上船员的数量在不断减少，新技术和新的ICMS功能可以解决这些问题。轮机自动化系统作为船舶自动化系统的一个子系统，必须实现管理的自动化。

3.轮机自动化的主要技术特征

在轮机自动化发展过程中，将计算机技术、自动化技术应用到轮机设备和系统中是设计轮机自动化系统的关键。在轮机自动化的发展过程中，检测技术、自动控制技术、智能技术、计算机控制技术、网络技术、信息技术都得到了应用。由于轮机自动化对可靠性的要求越来越高，PLC技术则满足了这一需要，因此在轮机自动化系统中得到了广泛应用。随着现代船舶的发展，轮机自动化设备越来越多，对系统和参数的控制要求越来越高，所以组建复杂的轮机自动化系统离不开计算机控制技术。

（1）PLC技术

可编程逻辑控制（PLC）是以中央处理器为核心，综合了计算机和自动控制等先进技术发展起来的一种工业控制器，凭借其高可靠性、灵活性在工业控制领域得到了迅猛的发展。它不仅可用来实现数字量的控制，也可进行运动控制、闭环控制、数据处理和通信联网。随着自动化控制技术的发展，船舶自动化的程度越来越高，PLC在船上电站自动化、分油机自动控制、锅炉自动控制、起货机自动控制等轮机控制系统领域，都已成功地得到了应用。PLC技术在船舶锅炉自动控制系统、船用电力推进控制系统、焚烧炉自动控制系统、船舶电站控制系统、船舶冷却水控制系统中得到了应用。基于PLC的船用电力推进控制系统，在保证实现控制系统原有功能的基础上，提高了系统的可靠性，并且系统中部分功能部件体积缩小，设备重量变轻，能耗降低，使控制系统向智能化、模块化发展，适应了船用动力系统的发展。通过PLC控制系统自动检测、调节主要参数，通过对主要参数的控制，大大提高了焚烧炉的燃烧效率及燃烧质量。基于PLC的船舶电气控制系统解决了继电器系统和电子电路控制系统的线路复杂、可靠性差、维修工作量大等缺点。基于PLC控制的船舶自动化系统可靠性主要取决于PLC，通过改变PLC系统的组态可以进一步提高整个控制系统的可靠性，在基于PLC的控制系统中应用具有冗余特性的模块能大大延长系统的可靠性。

（2）计算机控制技术

计算机控制技术是一种综合运用控制理论、仪器仪表、计算机和其他信息技术，对工业生产过程实现检测、控制、优化、调度、管理和决策的高新技术。计算机控制技术正向智能化、网络化和集成化的方向发展，以PC机为基础的低成本工业控制自动化将成为主流，PLC向微型化、网络化、PC机化方向发展，出现了面向测控管一体化设计的DCS（分布式控制）系统，控制系统正向FCS（现场总线控制系统）方向发展。最新轮机自动化控制系统都无一例外地采用了计算机控制技术，其中的数字化技术和总线技术、计算机控制策略已经广泛应用于工业自动化。总线技术实际上是各种信号线束的集合，为模块之间各种部件与模块之间提供标准的信号通道，是一种互联现场设备（或模块）与控制系统之间的双向数字通信网络。总线技术是计算机数字通信技术向工业自动化领域的延伸，其发展将促使自动化系统结构发生重

◆轮机辅助设备运行数据收集及传输

大变革,且具有传统的基于PLC及DCS控制技术系统无可企及的优越性。基于现场总线的机舱自动化系统具有组态灵活性、数据传送的实时性、可靠性的特点。基于PROFIBUS现场总线的船舶主机监控系统,设计了连接上位机管理网络和高速现场总线系统网络的网关,该网关既可用于船舶监控系统,也可用于任何采用高速现场总线ROFIBUS-DP的过程自动化控制网络。此外,嵌入式计算机控制系统也是船舶自动化的发展趋势之一,应当在相关领域加强技术研究与开发。

我国是航运大国、造船大国,但是目前船舶设备及其控制系统的国产化率还很低,国家应当加快制定相应的科研政策并提供资金支持,要借鉴国际先进水平,充分利用国内企业和院校资源,创建具有我国自主知识产权和品牌的轮机自动化产品。

(二)轮机辅助设备运行智能化数据采集系统的特点与优势

轮机辅助设备运行智能化数据采集系统,是现代工业自动化技术的重要成果。这一系统不仅彰显了科技的力量,更在实际应用中体现了卓越的性能和独特的优势。首先,智能化程度高是这一系统的显著特点。通过深度融合人工智能与自动化技术,系统能够智能地识别和适应多变的数据采集环境。其内置的机器学习算法使得系统能够不断学习并优化数据采集策略,随着运行时间的增长,系统会变得更加"聪明",更能适应各种复杂情况。这种高度的智能化不仅提高了数据采集的精准度,还大大降低了人为干预的频率和必要性。其次,该系统的实时性也极为出色。在轮机辅助设备运行过程中,数据的实时采集至关重要。系统通过高效的数据传输和处理机制,确保每一刻的运行数据都能被及时、准确地捕捉并记录下来。这种实时性为设备的监控、故障预警以及后续的数据分析提供了坚实的基础。最后,系统的可扩展性同样不容忽视。随着工业需求的不断变化,数据采集系统可能需要适应更多的设备和更复杂的场景。该系统在设计之初就考虑到了这一点,其模块化和开放式的架构设计使得增加新的数据采集点或调整采集策略变得简单而方便。

在优势方面,智能化数据采集系统显著提高了数据采集的效率。传统的数据采集方法往往需要人工参与,不仅效率低下,而且容易出错。而该系统通过自动化技术,实现了全天候、不间断的数据采集,极大地提高了工作效率。同时,降低人力成本也是该系统的一大优势。由于系统的自动化和智能化程度高，减少了对人工的依赖，从而为企业节省了人力成本。这对于追求效率和成本优化的现代企业来说，无疑是一个巨大的吸引力。此外，该系统还提高了数据的准确性。在传统的数据采集过程中，人为因素往往会导致数据的不准确，而智能化数据采集系统通过先进的人工智能和机器学习技术，能够智能地识别并排除异常数据，确保采集到的数据真实、可靠。

1.人工智能与机器学习在数据采集中的应用

在轮机辅助设备运行的数据采集中，人工智能与机器学习技术的应用正变得日益广泛和深入。这些尖端技术为数据采集的精准度、效率和智能化水平带来了革命性的提高。数据预处理是人工智能与机器学习在数据采集中的关键应用之一。原始数据往往包含各种噪声和异常值，这些因素会严重影响数据的质量和后续分析的准确性。通过机器学习算法，如聚类、分类和回归等，系统能够对原始数据进行有效的清洗、去噪和标准化处理。这不仅提高了数据的质量，还为后续的数据挖掘和模式识别奠定了坚实的基础。异常检测是另一项重要的应用。在轮机辅助设备的运行中，异常数据的出现可能预示着设备的故障或潜在问题。通过训练机器学习模型，系统能够自动识别并标记出这些异常数据点。这种智能的异常检测机制大幅提升了数据采集的准确性和可靠性，有助于及时发现并处理潜在的设备问题。此外，人工智能技术在数据采集中还发挥着智能分类与筛选的作用。随着数据采集量的不断增加，如何高效地利用和分析这些数据成了一个重要的问题。通过应用人工智能技术，系统可以根据数据的特征和属性进行智能分类和筛选。这不仅有助于快速定位到感兴趣的数据集，还能提高数据分析的效率和准确性。总的来说，人工智能与机器学习在轮机辅助设备运行的数据采集中发挥着不可或缺的作用。它们不仅提高了数据采集的精准度和效率，还为设备的健康监测、故障预警和性能优化提供了有力的数据支持。随着技术的不断进步和应用场景的拓展，这些智能技术将在未来发挥更加重要的作用。

2.预测性维护与自适应数据采集策略的引入

在轮机辅助设备运行中，预测性维护和自适应数据采集策略的引入，无疑为设备的稳定运行和高效数据采集提供了强有力的支持。预测性维护，这一概念的引入彻底改变了传统的设备维护模式。通过实时收集并分析设备的运行数据，系统能够预测设备可能出现的故障，并提前进行必要的维护措施。这种以数据驱动的维护模式，不仅有助于延长设备的使用寿命，还能避免因突发故障而导致的生产中断和安全事故。预测性维护的实施，使得设备维护从被动应对转变为主动预防，大大提高了设备运行的稳定性和可靠性。而自适应数据采集策略的引入，则进一步提高了数据采集的灵活性和有效性。在传统的数据采集模式中，采集策略往往是固定且单一的，无法根据设备的实际运行状态和外部环境的变化进行调整。而自适应数据采集策略则能够根据实时监测到的数据，动态地调整采集频率、深度和方式，以确保在任何情况下都能获取到最有价值的数据。例如，在设备出现异常时，系统可以自动增加数据采集的频率和深度，以便更精确地捕捉设备的异常状态并进行分析。这种自适应的采集策略，不仅提高了数据采集的效率和准确性，而且为后续的数据分析和决策提供了更为丰富和准确的信息基础。通过预测性维护和自适应数据采集策略的引入，为轮机辅助设备的稳定运行和高效数据采集提供了全新的解决方案。这些先进技术的融合应用，将推动工业自动化领域向更高层次、更广范围的发展迈进。

五、轮机辅助设备运行数据采集技术的未来趋势与展望

（一）物联网（IoT）与数据采集技术的融合前景

物联网（IoT）技术的迅猛发展，为轮机辅助设备运行数据采集带来了前所未有的机遇。IoT技术的核心是将各种智能设备通过互联网连接起来，实现数据的交换和通信。在轮机辅助设备领域，IoT技术的引入将使得数据采集更加智能化、远程化和实时化。未来，随着IoT技术的进一步成熟，我们可以预见轮机辅助设备将普遍配备传感器和通信模块，这些设备将能够实时地将运行状态、故障信息等数据上传到云端或本地服务器。通过物联网技术，数据采集将不再局限于人工巡检或定期的数据录入，而是可以实现24小时不间断的实时监控。这将极大地提高数据采集的效率和准确性，也为后续的故障预测、维护决策等提供了丰富的数据支持。此外，物联网技术还将促进轮机辅助设备与其他系统的互联互通，实现信息的共享和协同工作。这将有助于提升整个船舶系统的性能和效率，为航运业的智能化发展奠定坚实基础。

（二）大数据和云计算对数据采集技术的影响

大数据和云计算技术的快速发展，对轮机辅助设备运行数据采集技术产生了深远的影响。大数据技术的应用，使得我们能够处理和分析海量的设备运行数据，挖掘出其中有价值的信息。而云计算则为这些数据的存储、处理

和分析提供了强大的计算能力和弹性的资源分配。未来随着大数据和云计算技术的不断进步，数据采集将更加注重对数据的深度挖掘和智能分析。通过对轮机辅助设备运行数据的实时监测和分析，我们可以更准确地预测设备的寿命、故障模式等，从而实现预防性维护和精准决策。同时，云计算的弹性扩展能力也将使得数据采集系统能够轻松应对数据量的激增，确保系统的稳定性和可靠性。

（三）未来数据采集技术可能面临的挑战与机遇

虽然轮机辅助设备运行数据采集技术的未来充满了无限可能，但我们也必须正视其中潜在的挑战。首先，数据安全问题是一个不容忽视的威胁。随着数据采集的智能化和远程化，如何确保数据的传输和存储安全将成为一个重要议题。其次，技术的快速发展也对人才提出了更高的要求。为了充分发挥新技术在数据采集中的应用潜力，我们需要培养一支既懂技术又懂业务的复合型人才队伍。然而，挑战与机遇并存。轮机辅助设备运行数据采集技术的未来发展将带动相关产业链的创新与升级。例如，智能传感器、边缘计算、数据分析等领域都将迎来新的发展机遇。同时，随着技术的不断进步和应用场景的不断拓展，数据采集技术也将为航运业的节能减排、提高运营效率等方面做出积极贡献。因此，轮机辅助设备运行数据采集技术的未来将是一个充满机遇与挑战的新时代。只有不断创新、紧跟技术潮流并注重人才培养与数据安全的企业和组织，才能在这个时代中脱颖而出。

六、轮机辅助设备运行数据采集技术革新

（一）数据采集技术发展对轮机辅助设备管理的意义

随着数据采集技术的不断进步，轮机辅助设备的管理已经迈入了一个新的时代。数据采集技术的发展为轮机辅助设备的管理提供了强大的数据支撑，使设备状态监控、故障诊断、预防性维护等工作得以更加精准和高效地进行。这不仅降低了设备故障率，提高了设备运行的可靠性，还为企业节约了大量的维护成本。同时，通过实时数据采集和分析，管理人员可以更加科学地制订维护计划和备件库存策略，进一步优化设备管理流程，提高企业的运营效率和竞争力。

（二）技术进步如何提高数据采集的效率和准确性

技术的持续进步显著提高了数据采集的效率和准确性。新型传感器技术的引入，使数据采集的精度和响应速度大大提高。这些传感器能够实时监测设备的各种参数，如温度、压力、振动等，并以极高的频率进行数据采集，从而确保了数据的实时性和准确性。数据处理和分析算法的不断优化，使从海量数据中提取有用信息的过程变得更加迅速和准确。这些算法能够自动识别异常数据、预测设备故障，并为维护人员提供科学的决策支持。同时，网络通信技术的进步也为数据采集的实时传输提供了保障，使远程监控和管理成为可能。

（三）对未来数据采集技术发展的期待与预测

展望未来，我们对数据采集技术的发展充满期待。期待数据采集技术能够进一步与人工智能、机器学习等先进技术融合，实现更加智能化的数据采集和处理，这将使数据采集系统能够自动适应各种复杂环境，通过自我学习和优化采集策略，从而进一步提高数据采集的效率和准确性。未来我们期待数据采集技术能够在更多领域得到广泛应用，特别是在工业4.0和智能制造等领域，为各行业的数字化转型提供有力支持。同时，我们也预测到数据采集技术将面临更多的安全挑战，因此期待未来能够出现更加完善的数据安全保护机制，确保数据采集和传输过程的安全性和可靠性。

传感器在轮机辅助设备中的应用案例

在轮机辅助设备的运行和维护过程中，传感器技术扮演着至关重要的角色。传感器作为数据采集的"触角"，能够实时监测设备的各种关键参数，如温度、压力、振动等，从而为设备的安全运行提供有力保障。随着科技的飞速发展，传感器技术也在不断进步，其精度、稳定性和智能化水平日益提高，使得轮机辅助设备的管理更加科学、高效。本节将深入探讨传感器在轮机辅助设备中的应用案例，通过实例分析传感器如何助力设备运行数据的精准采集和实时传输，将从温度传感器、压力传感器、振动传感器等多种类型出发，详细阐述它们的工作原理、应用场景以及对设备运行的深远影响。同时，也将探讨传感器技术在应用过程中所面临的挑战，并提出相应的解决方案。通过本节的学习，读者将更加深刻地理解传感器在轮机辅助设备管理中的重要作用，并对未来传感器技术的发展趋势和应用前景有所展望。

一、传感器技术与轮机辅助设备的紧密关联

（一）传感器在轮机辅助设备中的重要性

传感器在轮机辅助设备中发挥着举足轻重的作用。轮机辅助设备，如冷却系统、燃油系统、润滑系统等，是确保主机正常运行的关键组成部分。这些设备的运行状态直接影响整个轮机系统的性能和安全性。传感器作为感知和监测设备状态的重要工具，能够实时提供关于温度、压力、流量、振动等关键参数的数据，从而帮助操作人员准确掌握设备的运行状态。传感器的精确性对于预防潜在故障至关重要。通过实时监测各项参数，传感器能够在设备出现异常时及时发出警报，提醒操作人员进行必要的检查和维护。这种预警机制可以大大降低设备故障的风险，提高整个轮机系统的可靠性和稳定性。传感器还是实现轮机辅助设备自动化的关键。在现代轮机系统中，越来越多的设备开始采用自动控制技术。传感器提供的实时数据是自动控制系统进行决策和调整的重要依据。通过与控制系统的紧密配合，传感器能够帮助实现设备的自动调节和优化，从而提高运行效率，减少人为干预。

（二）传感器技术的发展历程与现状

1.传感器技术的发展历程

传感器技术的发展历程，可以说是科技进步的一个缩影。从最初的简单物理量检测到如今的高度智能化、集成化，其发展历程可谓波澜壮阔。在传感器技术的早期阶段，主要是基于机械、电气等原理的简单物理量检测，如温度计、压力计等。这些传感器虽然功能单一，但为后来的技术发展奠定了坚实的基础。它们能够初步实现对特定物理量的实时监测，为工业生产提供了初步的数据支持。随着电子技术的飞速发展，传感器开始融入更多的电子技术元素。这一时期，传感器不仅能够测量更多的物理量，如光、声音、位

移等，其精度和稳定性也得到了显著提升。电子传感器的出现，使得数据的自动采集和处理成为可能，大大提高了工业生产的自动化水平。进入21世纪，随着微处理器、集成电路等技术的快速发展，传感器技术迎来了新的突破。智能传感器开始崭露头角，它们不仅具备传统传感器的所有功能，还能进行数据处理、自我诊断、自我校准等智能化操作。智能传感器的出现，极大地提高了传感器的使用便捷性和可靠性。

2.传感器技术的发展现状

在当今时代，传感器技术已经发展到了一个全新的高度。随着物联网、云计算、大数据等前沿技术的融合应用，传感器不仅具备了前所未有的高精度和高灵敏度，还实现了与各种智能系统的无缝对接。现代传感器已经广泛应用于工业生产、环境监测、医疗健康、智能家居等众多领域。在轮机辅助设备中，高性能的传感器能够实时监测设备的各项关键参数，如温度、压力、振动等，为设备的稳定运行提供有力保障。同时，通过与控制系统的紧密配合，传感器还能实现设备的自动化调节和优化，提高运行效率并降低能耗。此外，现代传感器还具备强大的数据处理能力。它们能够实时分析采集到的数据，及时识别异常情况并发出警报。这种智能化的数据处理方式，不仅提高了设备的维护效率，还为企业节约了大量的运营成本。同时，随着无线通信技术的发展，传感器数据的远程传输也变得更加便捷和高效。这使得管理人员能够随时随地掌握设备的运行状态，为决策提供更加准确的数据支持。总的来说，传感器技术的发展现状呈现出高度智能化、集成化和网络化的趋势。未来随着科技的不断进步和创新，我们有理由相信传感器将在更多领域发挥更加重要的作用。

二、压力传感器在轮机辅助设备中的应用

（一）压力传感器在轮机辅助设备中的监测与保护作用

1.液体与气体压力的实时监测

在轮机辅助设备中，压力传感器的一项核心功能就是对各种液体和气体的压力进行实时监测。无论是润滑油、冷却液，还是燃油、蒸气，这些介质在轮机运行中都扮演着至关重要的角色。它们的压力变化直接反映了系统的运行状态，因此对这些压力进行精准、实时的监测显得尤为重要。压力传感器通过其感应元件，能够捕捉到这些介质压力的微小变化，并将这些变化转

化为电信号进行输出。这些信号随后被处理和分析，从而为操作人员提供关于轮机运行状态的实时反馈。通过这种方式，压力传感器帮助操作人员及时掌握轮机系统的运行情况，确保各项参数在安全范围内。

2. 异常压力的及时监测与警报

除了实时监测外，压力传感器还承担着检测异常压力并触发警报的重要任务。在轮机运行过程中，一旦出现压力过高或过低的情况，都可能对设备造成损害，甚至引发安全事故。因此，及时发现并处理这些异常压力至关重要。当压力传感器监测到异常压力时，它会立即通过内置的警报系统发出警告信号。这个信号可以是一个声音警报、一个灯光闪烁，或者是一个电子消息，具体形式取决于系统的配置。通过这种方式，压力传感器能够迅速提醒操作人员注意异常情况，以便他们及时采取措施进行干预。

3. 防止设备损坏与故障预防

压力传感器的监测与保护作用体现在防止设备损坏和故障预防方面。当传感器监测到异常压力并发出警报时，操作人员可以迅速采取措施来解决问题，从而避免设备因长时间承受异常压力而损坏。此外，通过对历史压力数据的分析，可以预测设备可能出现的故障趋势，从而提前进行维护或更换部件。这种预防性的维护策略不仅可以延长设备的使用寿命，还可以减少因突发故障而导致的生产中断和经济损失。

4. 系统安全性的提升

在轮机系统中，安全性是至关重要的考虑因素。压力传感器在这一方面发挥了显著的作用，它通过持续不断地监测和记录压力数据，为系统建立起一个明确的正常运行压力范围标准。这一功能不仅可以帮助操作人员了解设备的实时状态，更重要的是，它能在压力数据出现异常时迅速作出反应。一旦监测到的压力值超出了预设的安全阈值，压力传感器会立即触发警报系统，向操作人员发出警告。在极端情况下，传感器甚至可以自动启动紧急停机或切断电源等安全措施，从而有效地防止了潜在的灾难性事件发生。这种即时的反应机制和自动化的安全保护措施显著提升了轮机系统的整体安全性。

5. 节能减排的贡献

在轮机运行过程中，能源的有效利用和减少排放污染物是环保和经济效益的双重考量。压力传感器通过其精准的监测功能，在这方面发挥了关键作用。传感器能够实时提供关于系统压力的数据，使操作人员或自动化系统可以根据这些信息调整轮机的运行状态。当压力过高时，系统可以及时调整，减少能源的浪费；当压力过低时，系统同样可以做出调整，以保证设备的运行效率。通过这种方式，轮机可以在最佳状态下运行，这不仅提高了能源利用效率，减少了不必要的能源损耗，也降低了有害物质的排放，从而对环境保护作出了实质性的贡献。

（二）压力传感器在预防设备故障中的应用实例

1.润滑油压力监测

在轮机辅助设备中，润滑油如同设备的"血液"，它的正常流动与压力是确保设备顺畅运行的关键。润滑油不仅能够减少机械部件之间的摩擦，降低磨损，还能起到冷却、清洁和防锈的作用。因此，对润滑油压力的实时监测显得尤为重要。通过安装压力传感器，我们可以实时捕捉润滑油系统的压力变化。这些传感器如同设备的"触觉"，能够敏锐地感知到润滑油管路中的任何微小波动。当润滑油压力出现异常，比如突然下降或急剧上升，传感器会立即捕捉到这些变化，并通过信号转换将这些信息传递给监控系统。这种实时的监测机制使得操作人员能够在第一时间发现润滑油系统的异常情况，如堵塞、泄漏等潜在问题。一旦发现压力异常，操作人员可以迅速采取措施进行维修或更换损坏的部件，从而避免设备因润滑不良而造成更严重的损坏。这种预防性的维护策略，不仅延长了设备的使用寿命，还大大提高了设备的运行效率和安全性。

2.冷却液压力监测

在轮机运行中，冷却液扮演着至关重要的角色。它如同设备的"体温调节器"，通过循环流动带走设备产生的热量，确保设备在适宜的温度范围内运行。然而，如果冷却液的压力出现异常，这一平衡将被打破，设备可能因过热而损坏。为了预防这种情况的发生，我们利用压力传感器来实时监测冷却液的压力变化。这些传感器能够精确地测量冷却液在管路中的压力，并将这些数据实时传输给监控系统。通过这种方式，操作人员可以及时了解冷却液系统的状态，一旦发现压力过低或过高，就能迅速采取措施进行调整或维修。这种实时的监测与调整机制，确保了冷却液系统的稳定运行，从而有效地保护了设备免受高温的损害。同时也提高了设备的运行效率和可靠性，为企业的连续生产提供了有力保障。

3.燃油压力监测

在轮机系统中，燃油的稳定供应是确保设备正常运行的基础。燃油压力的稳定不仅关系轮机的燃烧效率，还直接影响设备的动力输出。因此，对燃油压力的实时监测同样至关重要。通过安装压力传感器在燃油管路上，我们可以精确地测量燃油的压力变化。这些传感器能够实时感知燃油压力的波动，并将这些数据及时传输给监控系统。操作人员通过这些数据可以了解燃油系统的实时状态，确保燃油的稳定供应。一旦发现燃油压力出现异常，比如过高或过低，操作人员可以迅速进行调整或维修。这种及时的响应机制避免了燃油供应不足或过多导致的设备故障，从而确保了设备的稳定运行。同时，它也提高了设备的燃烧效率和动力输出，降低了能耗和排放，为企业的可持续发展作出了积极贡献。

三、振动传感器在轮机辅助设备中的应用

在轮机辅助设备中，振动传感器发挥着重要的作用。这些设备通常需要高效、稳定地运行，以确保船舶或发电站等复杂系统的正常工作。振动传感器通过监测设备的振动情况，为操作人员提供了关键的运行状态信息，有助于及时发现潜在问题并采取相应的维护措施。

计量学通常将振动分为高频、中频、低频3个频段。高频（5~5000 Hz）主要应用于航空航天领域；中频（20~5 000 Hz）主要应用于电子通信、交通车辆和机械制造等领域；低频（0.1~120 Hz）主要应用于水利电力、桥梁大坝和环境监测等领域。振动传感器用于测量以一定规律出现的加速度和减速度。典型的振动检测应用或功能包括：检测不良振动，以便对工业设备和机械进行预见性、预防性维护；检测异常振动，避免发生安全或安保事故；检测声波振动信号，用于触发事件；结构健康状况监控；地质和地震设备。日本一家公司开发的振动传感器是基于锆钛酸铅（PZT）的压电陶瓷，该传感器可捕捉到一滴水滴到玻璃表面上时的微小振动变化，其灵敏度比通常的振动传感器高出约20倍。普通的振动传感器最大只能测量约0.001g的加速度，而这家公司开发的传感器可测量0.000 1 g以下的加速度。该公司没有公布传感器的具体构造，不过表示采用了能放大微小振动的机构，可将物体内部产生的电荷在不受损害的情况下提取出来，可用于检测此前无法识别的摩擦振动及晃动等谐波振动。

↳轮机辅助设备运行数据收集及传输

  随着振动传感器灵敏度的提高，此前无法检测到的异常振动能够实现"可视化"。例如，可发现螺丝出现松动的机械微小晃动、摇摆以及水滴渗出程度的肉眼看不见的管道龟裂等。将振动传感器安装在工厂的机床和配管中、用于产品的最终检查装置以及植入楼宇的结构体中等，可早期发现异常情况。此外，还可利用高灵敏度的振动传感器检测人体的脉搏是否异常。振动传感器还可与基于互联网服务器的诊断服务配套使用，可通过让服务器积累并记忆通常的振动波形和异常时的振动波形，以提高检测的精度。美国一家高性能信号处理解决方案及信号调理技术供应商，最近推出一款无线振动感测系统，可让工业系统操作人员远程监控生产设备的健康状况，提高系统性能并降低维护成本。这款全新的联网系统包含无线振动传感器节点，它结合了双轴数字MEMS（微机电系统）加速度感测与先进的频域和时域信号处理技术。该感测系统还含有网关节点，使用专用的无线协议可一次支持多达6个振动传感器，并通过与大多数嵌入式处理器平台兼容的SPI接口管理。无线功能可针对难以接近或危险地点的设备实现远程监控功能，而振动感测和检测节点可轻松安装到现有的基础设施中，并允许持续监控，结合周期性离线性能趋势分析，可用来评估设备性能并安排预见性维护。预见性维护可以缩短工厂系统停机时间，有了MEMS振动传感器对机床、涡轮机、泵、输送带、压缩机、引擎和其他设备的持续监控，工厂操作人员可接收到实时性能统计数据和过程控制反馈数据，据此便可防止代价高昂的系统停机。

  在选择振动传感器时，可考虑如下几个方面：灵敏度是否高低可调；一致性及互换性好；抗干扰可靠性高，无误触发；自动复位性强；信号的后期处理简单；产品内部是否设计振动分析放大电路；安装调试方便。此外，选择并关注用于振动传感器的信号处理的集成电路技术也非常重要，比如集成电路是否集成了用于下载用户自定义程序的可重写存储器以及用于将信号处理程序存储在电可擦可编程只读存储器（EEPROM）中，这样的功能可使振动传感器无须外部微控制器即可实现控制。此类集成电路凭借其低成本和印刷电路板（PCB）面积的缩小，推进了蓝牙通信在没有无线功能的小型应用程序中的应用。

  成本下降成为推动振动传感器应用的重要因素。之前即使需要用到振动传感器进行测量，也会因价格太高而犹豫不决，而随着产品成本的不断下降，振动传感器可应用于更多的场所。例如，振动传感器可用于机械中的振动和位移、转子与机壳的热膨胀量的长期监测，生产线的在线自动检测和自动控制，科学研究中的多种微小距离和微小运动的测量等。同时，振动传感器可广泛应用于能源、化工、医学、汽车、冶金、机器制造、军工及科研教学等诸多领域。智能型振动传感器具有信息处理功能，带有微处理机，具有采集、处理、交换信息的能力，是传感器集成化与微处理机相结合的产物。随着IC技术和计算机技术的快速发展，为振动传感器的发展提供了良好与可靠的科学技术基础。未来，数字化、信息化、物联网技术的融合，将使得振动传感器更加智能化，随着传感器制造成本的进一步降低，振动传感器功能将更加全面和专业化，智能化的应用会更加普及。

在轮机辅助设备中，振动传感器的应用与上述典型应用案例紧密相关。例如，在轮机系统中，轴承、齿轮和传动装置的微小振动都可能是设备性能下降或即将出现故障的征兆。通过安装高灵敏度的振动传感器，可以捕捉到这些关键部件的微小振动变化，从而实现故障的早期预警和预防。由于轮机辅助设备经常需要在恶劣的环境条件下运行，如高温、高湿、高振动等。这就要求所使用的振动传感器必须具有高可靠性和稳定性，以确保在极端条件下仍能准确监测设备的振动情况。

振动传感器在轮机辅助设备中的应用是不可或缺的。它们不仅提供了设备运行状态的实时监测数据，还为预防性维护和故障排除提供了有力的技术支持。随着技术的不断进步，我们期待振动传感器在未来能够发挥更大的作用，进一步提高轮机辅助设备的运行效率和安全性。

四、其他类型传感器在轮机辅助设备中的应用

（一）流量传感器在轮机辅助设备中的应用

流量传感器在轮机辅助设备中扮演着举足轻重的角色。这种传感器被设计用来精确测量流体在单位时间内通过特定截面的流量，为轮机系统的稳定运行提供了关键数据支持。在轮机系统中，燃油的流量监测是至关重要的。燃油作为轮机运行的动力来源，其流量的稳定性直接关系轮机的性能和效率。流量传感器能够实时监测燃油的流量，确保燃油供应的稳定性和经济性。当燃油流量出现异常时，传感器会迅速作出反应，通过控制系统调整燃油喷射量，从而保持轮机的高效运行。此外，流量传感器还广泛应用于轮机冷却系统中冷却液的流量监测。轮机在运行过程中会产生大量的热量，如果冷却液流量不足，将会导致轮机过热，严重时甚至会造成损坏。因此，通过流量传感器实时监测冷

却液的流量，可以确保轮机在运行过程中得到有效的冷却，从而延长其使用寿命。流量传感器的作用不仅仅局限于监测，它还能为操作人员提供宝贵的运行数据。通过分析这些数据，操作人员可以更加深入地了解轮机的运行状态，及时发现并解决问题，确保轮机的高效、安全运行。

（二）液位传感器在轮机辅助设备中的应用

液位传感器在轮机辅助设备中同样发挥着不可或缺的作用。这种传感器能够实时监测液体的液位，为操作人员提供准确的液位信息，从而确保轮机系统的稳定运行。在轮机中，机油的液位检测是至关重要的。机油作为机械部件的润滑剂，其液位的稳定性对于轮机的正常运行至关重要。液位传感器能够实时监测机油液位，确保机油量始终保持在合适的范围内。当机油液位过低时，传感器会及时发出警报，提醒操作人员添加机油，避免因机油不足而导致的机械故障。同时，当机油液位过高时，传感器也会发出警报，防止因机油过多而造成的浪费和潜在的机械问题。除了机油液位监测外，液位传感器还广泛应用于轮机冷却系统中的水箱液位监测。水箱作为冷却系统的重要组成部分，其液位的稳定性对于维持冷却系统的正常运行至关重要。通过液位传感器实时监测水箱液位，可以确保水箱中的水量充足且稳定，从而保持冷却系统的持续有效运行。这对于防止轮机过热、提高轮机运行效率具有重要意义。液位传感器在轮机辅助设备中的应用为操作人员提供了准确的液位信息，有助于操作人员及时调整和维护轮机系统。通过实时监测机油和水箱等关键部件的液位情况，可以确保轮机的稳定运行并延长其使用寿命。同时，这些数据还可以为轮机系统的进一步优化和改进提供有力支持。

第 4 章

轮机辅助设备远程监测系统的设计与实施

在现代船舶运营管理中，轮机辅助设备的稳定运行是确保船舶安全、高效航行的关键。随着科技的进步，特别是物联网和大数据技术的迅猛发展，轮机辅助设备的监测与管理正逐步从传统的定期巡检向实时、远程、智能化的方向转变。轮机辅助设备运行数据的收集与传输，作为远程监测系统的基础，其重要性日益凸显。本章将深入探讨轮机辅助设备远程监测系统的设计与实施。我们将首先阐述远程监测系统的基本概念与整体架构，为读者构建一个清晰的系统蓝图。随后，我们将聚焦于这一系统在船舶轮机辅助设备中的实际应用，通过具体案例来展示其工作流程、功能特点以及为船舶运营管理带来的革命性变化。通过本章的学习，读者将能够全面理解轮机辅助设备远程监测系统的设计理念、实施步骤以及应用效果，从而为船舶的安全、经济运行提供有力支持。

◆轮机辅助设备运行数据收集及传输

轮机辅助设备远程监测系统的概念与架构

　　随着科技的不断进步，船舶行业的运营和管理也面临着转型升级的挑战。轮机辅助设备，作为船舶运行的重要支撑系统，其性能状态和运行效率直接关系船舶的安全与经济效益。为了实现对这些设备的精准监测和及时维护，远程监测技术应运而生，并逐渐成为行业发展的必然趋势。本节将深入探讨远程监测系统的概念与整体架构，旨在为读者提供一个清晰、全面的认识框架。同时，我们将详细介绍远程监测系统的基本组成、工作原理及其在轮机辅助设备监测中的独特优势。通过了解这些内容，船舶运营管理者将能够更好地把握技术发展的脉搏，为船舶的安全运行和高效管理提供有力保障。让我们一同进入远程监测系统的世界，探索其如何助力船舶行业的持续发展与进步。

一、轮机辅助设备远程监测系统的概念

（一）定义轮机辅助设备远程监测系统

　　轮机辅助设备远程监测系统是一种利用先进的互联网技术和传感器技术，对船舶轮机辅助设备进行远程实时监控和故障诊断的系统。该系统通过安装在轮机辅助设备上的传感器，实时采集设备的运行数据，再通过互联网技术将数据传输到远程监控中心，从而实现对设备状态的实时监测和故障预警。这种系统不仅提高了设备管理的效率和准确性，还为船舶的安全运行提供了有力保障。

（二）轮机辅助设备远程监测系统的主要功能和目标

　　轮机辅助设备远程监测系统的主要功能包括实时监测、数据分析、故障预警和远程控制等。具体而言，系统能够实时采集轮机辅助设备的各项运行参数，如温度、压力、流量等，并通过数据分析技术对这些参数进行深入分析，以评估设备的运行状态和性能。同时，系统能够根据预设的预警规则，及时发现设备的异常情况并发出预警，以便管理人员及时采取措施进行处

理。此外，系统还支持远程控制功能，允许管理人员在必要时对设备进行远程操控，以确保设备的正常运行。该系统的目标是提高轮机辅助设备的管理效率和运行安全性。通过实时监测和数据分析，管理人员可以及时了解设备的运行状态和性能变化，从而制订合理的维护计划和故障预防措施。同时，系统的故障预警功能可以帮助管理人员及时发现并处理设备的异常情况，避免因设备故障而导致的航行事故或经济损失。

（三）轮机辅助设备远程监测系统如何实现实时监测与数据分析

1.数据采集

数据采集是轮机辅助设备远程监测系统的首要环节，它依赖于安装在设备上的高精度、高可靠性传感器。这些传感器能够实时捕捉设备的各项关键运行参数，如温度、压力、流量等，这可以为后续的数据分析和处理提供准确的信息源。传感器的选择至关重要，它们不仅要具备高精度测量能力，以确保数据的准确性，还要有极强的稳定性和耐久性，以适应船舶环境的复杂性和多变性。此外，合理的数据采集频率也是确保数据全面性和有效性的关键。系统通过综合考虑设备的运行特性、监测需求以及传感器的性能，设定了恰当的数据采集频率，从而能够捕捉到设备运行过程中的每一个重要瞬间，为后续的数据分析提供丰富的素材。

2.数据传输

在数据采集之后，如何将这些宝贵的数据安全、稳定地传输到远程监控中心，是轮机辅助设备远程监测系统面临的又一重要挑战。系统采用了先进的互联网技术，通过高效的传输协议，确保数据能够快速、无误地到达目的地。为了保障数据的安全性，系统还运用了数据加密技术，对数据进行严格的保护，防止在传输过程中被窃取或篡改。同时，考虑到网络环境的复杂性和不稳定性，系统特别设计了断点续传和冗余传输技术。这些技术的运用，不仅大大提高了数据传输的可靠性和稳定性，也确保了数据的完整性和连续性，为后续的数据分析提供了坚实的数据基础。

3.数据分析

数据分析是轮机辅助设备远程监测系统的核心环节。在远程监控中心，强大的数据分析算法对接收到的数据进行深入地处理和分析。这些算法综合

⮞轮机辅助设备运行数据收集及传输

运用了统计学、机器学习等领域的知识和技术，能够从历史数据和实时数据中挖掘出设备的运行状态、性能变化趋势以及可能存在的问题。通过对比分析、模式识别等手段，系统能够准确地评估设备的健康状况，预测其未来的发展趋势，并为管理人员提供科学的决策依据。这种深入的数据分析不仅提高了设备管理的智能化水平，也为船舶的安全运行提供了有力的技术保障。

4.实时监测与预警

基于数据分析的结果，轮机辅助设备远程监测系统能够实现实时监测与预警功能。系统通过设定合理的预警阈值和规则，对设备的运行状态进行实时监控。一旦数据异常或触发预警条件，系统就会立即启动预警机制，通过多种方式向管理人员发送预警信息。这种即时的预警机制使得管理人员能够在第一时间掌握设备的异常情况，并迅速采取相应的处理措施。同时，系统支持远程控制功能，允许管理人员在必要时对设备进行远程操控和调整，以应对可能出现的紧急情况。这种实时监测与预警功能的实现，极大地提高了设备管理的时效性和灵活性，为船舶的安全运行构筑了坚实的防线。

二、轮机辅助设备远程监测系统的架构

轮机辅助设备远程监测系统的总体架构是一个高度集成、模块化的系统框架，它涵盖了从数据采集到用户界面展示的全流程。这一架构确保了数据的准确性、传输的稳定性以及分析的深入性，从而为用户提供了一个全面、高效的设备管理解决方案。系统的主要组成部分包括数据采集层、数据传输层、数据处理与分析层以及用户界面层。每个层次都有其独特的功能和职责，共同构成了这个强大的远程监测系统。

（一）数据采集层

数据采集层是远程监测系统的起始点，它负责实时捕捉轮机辅助设备的运行数据。为了实现高精度和高效率的数据采集，系统采用了先进的传感器技术。传感器在数据采集过程中发挥着至关重要的作用。系统选用了多种类型的传感器，如温度传感器、压力传感器、流量传感器等，以全面监测设备的各项运行参数。这些传感器不仅具有高精度和稳定性，还能在恶劣的船舶环境中长时间可靠工作。

传感器的布局策略也是数据采集层的关键。为了确保数据的全面性和代表性，传感器被精心布置在设备的各个关键部位。这种布局方式能够捕捉

到设备运行过程中的所有重要信息，为后续的数据分析和处理提供丰富的素材。

（二）数据传输层

数据传输层负责将数据采集层获取到的数据稳定、安全地传输到后续的处理层。在这一过程中，系统采用了先进的数据传输技术和通信协议。为了确保数据传输的稳定性和效率，系统选用了可靠的通信协议，如TCP/IP协议等。这些协议能够确保数据在传输过程中的准确性和完整性，并提供较高的数据传输速率。在安全性方面，数据传输层采取了多种措施来保障数据的安全，包括数据加密技术、身份验证机制等，以防止数据在传输过程中被窃取或篡改。这些安全保障措施为数据的机密性、完整性和可用性提供了坚实的保障。

（三）数据处理与分析层

数据处理与分析层是远程监测系统的核心部分，它负责对接收到的数据进行深入的处理和分析。这一过程涉及数据的预处理、存储、分析和挖掘等多个环节。

在数据预处理阶段，系统会对原始数据进行清洗、去噪和格式化等操作，以提高数据的质量和可用性。预处理后的数据将被存储在高性能的数据库中，以便后续的分析和查询。数据分析是这一层的核心任务。系统运用了多种数据分析算法和模型，如统计分析、机器学习等，以揭示数据中的潜在规律和趋势。这些分析结果能够为管理人员提供有价值的决策支持，帮助他们更好地了解设备的运行状态和性能。

（四）用户界面层

用户界面层是远程监测系统与用户进行交互的窗口。它提供了直观、友好的数据可视化展示功能，以及报警与提示功能，使用户能够方便地查看设备的运行状态和数据分析结果。数据可视化展示是用户界面层的重要组成部分。系统通过图表、曲线等形式将设备的运行数据和分析结果直观地展示给用户，帮助他们快速了解设备的整体状况。报警与提示功能也是用户界面层的关键功能之一。当设备出现异常或潜在问题时，系统会及时发出报警信息，并通过邮件、短信等方式通知用户。这种即时的报警机制使用户能够在第一时间采取措施处理问题，确保设备的安全运行。

↳轮机辅助设备运行数据收集及传输

远程监测系统在船舶轮机辅助设备中的实际应用

随着科技的飞速发展，船舶行业的运营和管理正面临着前所未有的挑战与机遇。轮机辅助设备，作为船舶动力系统的关键组成部分，其安全、高效的运行对于保障船舶的整体性能和航行安全至关重要。然而，传统的轮机辅助设备管理方式往往依赖于人工巡检和定期维护，这种方式不仅效率低下，而且难以及时发现并处理潜在问题。在这一背景下，轮机辅助设备远程监测系统的出现为船舶行业带来了革命性的变革。该系统通过实时监测设备的运行状态，收集并分析关键数据，能够及时发现异常情况并预警，从而大大提高设备的运行效率和安全性。同时，远程监测系统还能为船舶运营者提供科学决策的依据，优化船舶的调度和维护计划。本节将深入探讨轮机辅助设备远程监测系统在船舶中的实际应用，包括其实施步骤、功能实现以及应用效果等方面。通过详细阐述这一系统的实际操作和价值，我们期望能够帮助读者更好地理解并应用这一先进技术，为船舶行业的持续发展和航行安全贡献力量。

一、轮机辅助设备远程监测在船舶中的导入与意义

（一）轮机辅助设备在船舶中的重要性

轮机辅助设备是船舶动力系统的核心组件，涵盖燃油系统、冷却系统、滑油系统、压缩空气系统等多个关键部分。这些设备的正常运行直接关系船舶的动力输出、航行稳定性以及船员和货物的安全。在航海过程中，任何一个小故障都可能引发连锁反应，导致严重的后果。因此，轮机辅助设备的状态监测和维护工作显得尤为重要。同时，轮机辅助设备的性能和状态直接影响船舶的运营效率和成本。例如，如果燃油系统出现故障，可能会导致燃油消耗不均匀，增加运营成本；冷却系统的问题则可能导致发动机过热，进而影响船舶的动力性能。因此，保持轮机辅助设备的最佳状态，对于提高船舶的整体运营效率和降低运营成本具有至关重要的作用。

（二）远程监测系统的应用意义

传统的设备监测方式往往依赖于船员的定期巡检和手动记录，这种方式不仅效率低下，而且难以及时准确地发现设备的潜在问题。远程监测系统的引入，则能够实现对轮机辅助设备的实时、连续监测，及时发现并预警设备的异常情况。远程监测系统的应用，大大提高了船舶运营的安全性和可靠性。通过实时监测设备的温度、压力、振动等关键参数，系统能够在设备出现故障前发出预警，从而允许船员或维护人员提前采取措施，防止故障的发生或扩大。这种预防性的维护方式，不仅延长了设备的使用寿命，还避免了因突发故障而导致的航行中断或安全事故。远程监测系统还为船舶运营者提供了丰富的数据支持，帮助他们更加科学地制订维护计划和运营策略。通过对历史数据的分析，运营者可以了解设备的运行规律和潜在问题，进而优化维护周期和方式，降低运营成本。这些数据还可以为船舶的设计和制造提供反馈信息，推动船舶行业的持续创新和进步。

二、轮机辅助设备远程监测系统的实施步骤

（一）轮机辅助设备远程监测系统前期准备与评估

在实施轮机辅助设备远程监测系统之前，首先需要对船舶上的所有轮机辅助设备进行全面的清查和状态评估。这一步骤的目的是了解现有设备的种类、数量、性能以及当前的工作状态。通过编制详细的设备清单，可以确保远程监测系统能够全面覆盖所有需要监测的设备。通过对设备的状态进行评估，有助于确定哪些设备存在潜在的风险或即将到达维护周期，从而为后续的监测重点提供指导。在了解了设备的基本情况后，接下来需要明确远程监测系统的具体需求和目标，包括确定需要监测的关键参数（如温度、压力、振动等），以及期望通过监测系统实现的功能（如故障预警、性能优化等）。明确需求和目标有助于为后续的系统设计和配置提供清晰的方向，确保监测系统能够满足船舶运营的实际需要。

（二）轮机辅助设备远程监测系统设计与配置

根据前期确定的监测需求和目标，需要选择适合的传感器和数据采集设备。传感器负责实时采集设备的运行数据，而数据采集设备则负责将这些数据转化为可分析和处理的格式。在选择传感器和数据采集设备时，需要考虑

↳轮机辅助设备运行数据收集及传输

其精度、稳定性、耐用性以及与后续数据分析平台的兼容性等因素，确保数据的准确性和可靠性。数据传输方式和通信协议的选择对于远程监测系统的实时性和稳定性至关重要。这不仅需要综合考虑船舶的运营环境、数据传输的距离和稳定性要求等因素，选择合适的数据传输方式（如有线传输、无线传输等）和通信协议（如Modbus、CAN等），还需要考虑数据的安全性，确保在传输过程中数据不会被窃取或篡改。数据存储与分析平台是远程监测系统的核心部分，负责存储、处理和分析从传感器和数据采集设备传输过来的数据。在设计这一平台时，需要考虑数据的存储容量、处理速度和分析能力等因素。同时，为了方便用户查看和分析数据，还需要设计一个直观易用的用户界面，提供数据可视化展示和交互功能。

（三）轮机辅助设备远程监测系统安装与调试

传感器的安装位置直接影响数据的准确性和可靠性。在安装传感器时，需要选择能够真实反映设备运行状态的位置，并确保传感器与设备之间的接触良好。同时，还需要考虑传感器的固定方式，防止因船舶振动或环境变化导致传感器松动或损坏。数据采集设备与传感器之间的连接需要稳定可靠，以确保数据的顺畅传输。在配置数据采集设备时，需要根据传感器的类型和输出信号进行相应的设置，确保设备能够正确识别和采集传感器的数据。此外，还需要对数据采集设备进行定期的检查和维护，确保其长期稳定运行。在完成传感器和数据采集设备的安装与配置后，需要对整个远程监测系统进行联调和测试。这一步骤的目的是验证系统的各项功能是否正常工作，以及数据的准确性和实时性是否满足要求。在测试过程中，需要模拟各种可能的运行场景和故障情况，以检验系统的稳定性和可靠性；还需要对系统进行优化和调整，确保其能够满足船舶运营的实际需求。

（四）轮机辅助设备远程监测系统安全性与数据保护

在轮机辅助设备远程监测系统中，系统安全性和数据保护是至关重要的。随着网络技术的不断发展，网络安全威胁也日益增多，因此，我们必须高度重视系统的安全防护。为了确保数据的安全，我们采用了先进的网络安全技术，如防火墙、入侵检测系统等，来有效防止恶意攻击和非法访问。同时，数据加密也是我们保护数据的重要手段，通过对传输和存储的数据进行加密处理，确保了数据的机密性和完整性，防止数据泄漏或被篡改。此外，我们还建立了完善的用户权限管理体系，严格控制用户对数据的访问和操作权限，进一步增强了系统的安全性。

（五）轮机辅助设备远程监测系统维护与升级

轮机辅助设备远程监测系统的稳定运行离不开定期的维护与升级。为了确保系统的可靠性，我们制订了详细的维护计划，并定期对系统进行全面的检查和维护。这包括对硬件设备的状态进行监测和维修，对软件系统进行更新和补丁安装，以确保系统的性能和稳定性。同时，我们也非常重视系统的升级工作，随着技术的不断进步和船舶运营需求的变化，我们会及时对系统进行升级或扩展，以满足新的运营需求。在升级过程中，我们会进行充分的测试和验证，确保升级后的系统能够正常运行，不会对船舶的正常运营造成影响。

（六）轮机辅助设备远程监测系统用户培训与支持

为了让船舶运营人员能够充分利用轮机辅助设备远程监测系统的各项功能，我们提供了全面的用户培训和技术支持。我们通过制订详细的培训计划，为船舶运营人员提供了系统的操作指南和使用技巧。我们还提供了多样化的培训方式，包括现场教学、在线课程等，以满足不同用户的需求。在培训过程中，我们注重实践操作和案例分析，帮助用户更好地理解和掌握系统的使用方法。此外，我们还提供了持续的技术支持服务，为用户解答疑问、排除故障，确保用户能够顺利地使用系统。

（七）轮机辅助设备远程监测系统性能评估与优化

为了确保轮机辅助设备远程监测系统的性能持续优化，我们进行了定期的性能评估和优化工作。我们通过对系统的响应时间、数据处理速度、并发用户数等关键指标进行监测和分析，及时发现并解决系统瓶颈和性能问题。同时，我们还积极关注新技术和新方法的发展动态，及时引入先进的性能优化技术来提升系统的性能。通过这些措施的实施，我们可以确保系统始终保持高效稳定的运行状态，为船舶运营提供了强有力的支持。

三、轮机辅助设备远程监测系统的功能实现

（一）轮机辅助设备远程监测系统实时监测与数据采集

1.温度、压力、转速等关键参数的实时监测

在轮机辅助设备远程监测系统中，对温度、压力、转速等关键参数的实时监测是至关重要的。这些参数能够直接反映设备的运行状态和性能，是预防故障、确保设备安全稳定运行的重要依据。温度的实时监测对于发现设备过热、冷却系统故障等问题至关重要。通过在关键部位安装温度传感器，系统可以实时捕捉温度数据，一旦发现温度异常，如过高或过低，系统就会立即发出警报，提醒操作人员及时采取措施，防止设备因过热而损坏。压力的实时监测同样重要。在轮机辅助设备中，许多部件都需要在特定的压力范围内工作。通过安装压力传感器，系统可以实时监测设备内部的压力变化。一旦压力超出安全范围，系统就会及时发出警报，以避免设备因压力异常而发生故障。转速的实时监测对于评估设备的运行状态和性能也具有重要意义。通过安装转速传感器，系统可以实时监测设备的转速变化。如果转速异常，可能意味着设备存在故障或负载过大，此时系统会发出警报，提醒操作人员进行检查和调整。实时监测这些关键参数，不仅有助于及时发现设备的潜在问题，还能为设备的预防性维护和故障排查提供有力支持。通过持续的数据收集和分析，系统可以生成设备运行状态报告，为管理人员提供决策依据，确保轮机辅助设备的安全、高效运行。

2.数据采集频率与精度的设定

在轮机辅助设备远程监测系统中，数据采集的频率与精度是影响监测准确性和实时性的关键因素。合理的频率与精度设定能够确保系统捕捉到设备状态的细微变化，为故障预警和预防性维护提供可靠依据。数据采集频率的设定需要根据设备的运行特性和监测需求来确定。频率过高可能会导致数据冗余，增加处理成本；频率过低则可能漏掉关键信息，影响监测的准确性。因此，系统需要综合考虑设备的运行状态、故障发生的可能性以及数据采集的成本等因素，来设定合理的数据采集频率。另外，数据采集精度的设定也至关重要。精度过高可能会引入不必要的噪声和干扰，增加数据处理的复杂性；精度过低则可能无法准确反映设备的实际状态。为了确保数据的准确性和可靠性，系统需要根据监测需求和设备特性来设定合适的数据采集精度。同时，系统还需要定期校准传感器，以确保数据采集的准确性和一致性。

（二）轮机辅助设备远程监测系统数据传输与存储

1.数据的稳定、高效传输机制

在轮机辅助设备远程监测系统中，数据的稳定、高效传输是确保系统实时性和准确性的基石。数据的稳定传输意味着在传输过程中应尽量减少数据丢失和传输错误，而高效传输则要求数据能够快速地从数据源到达数据处理中心，以便及时进行分析和响应。为了实现数据的稳定传输，系统需要采用可靠的通信协议。这些协议应具备错误检测和纠正机制，以确保在恶劣的通信环境下也能保持数据的完整性。此外，系统还应具备断点续传功能，以应对网络不稳定导致的传输中断。一旦网络恢复，系统应能自动从断点处继续传输数据，而无须重新开始，从而大大提高传输效率和稳定性。高效传输则依赖于高速的网络连接和优化的数据传输策略。系统应能根据网络状况动态调整传输速率和数据包大小，以充分利用网络资源。同时，通过采用压缩技术减少传输数据的大小，可以进一步提高传输效率。为了应对大量数据的实时传输需求，系统还可以采用流式传输技术，将数据分成小块并逐块传输，从而确保数据的实时性和连续性。数据的稳定、高效传输机制是轮机辅助设备远程监测系统不可或缺的重要组成部分。通过采用可靠的通信协议、断点续传功能、高速网络连接以及优化的数据传输策略，系统能够确保数据的完整性和实时性，为后续的数据分析和故障预警提供有力支持。

2.云端或本地服务器的数据存储方案

在轮机辅助设备远程监测系统中，数据存储方案的选择对于数据的安全性、可访问性和可扩展性具有重要影响。云端存储和本地服务器存储是两种常见的方案，它们各有优缺点，需要根据具体需求来选择。云端存储的优势在于其高可扩展性、易于共享和灾备能力。通过将数据存储在云端，系统可以轻松地扩展存储容量，无须担心硬件设备的限制。同时，云端存储通常提供多重备份和容灾功能，确保数据的安全性。此外，云端存储还便于数据的共享和协作，使得不同地点的用户都能实时访问和分析数据。然而，云端存储也存在一些潜在的风险，如数据隐私泄漏、网络延迟等。因此，在某些对数据安全性和实时性要求极高的场景中，本地服务器存储可能更为合适。本地服务器存储将数据保存在企业内部的服务器上，便于直接管理和控制。这种方案通常具有更高的数据传输速度和更低的延迟，适用于需要快速响应和处理大量数据的场景。云端或本地服务器的数据存储方案各有利弊，应根据

↳轮机辅助设备运行数据收集及传输

轮机辅助设备远程监测系统的具体需求和场景来选择。在选择存储方案时，需要综合考虑数据的安全性、可访问性、可扩展性以及成本等因素，以确保系统能够稳定、高效地运行。

（三）轮机辅助设备远程监测系统数据处理与分析

1.数据清洗、转换与标准化流程

在轮机辅助设备远程监测系统中，数据处理的第一步就是进行数据清洗、转换与标准化，这是确保数据质量和后续分析准确性的关键环节。数据清洗主要是识别和纠正数据中的错误、异常值、重复值或无关数据。在轮机辅助设备监测数据中，可能会因为传感器故障、传输错误或其他原因产生异常数据。这些数据如果不进行清洗，就会严重影响后续的数据分析和设备状态评估。因此，系统需要设定合理的阈值和规则，自动识别和过滤这些异常数据，或者通过人工审核的方式进行清洗。数据转换则是将数据从一种格式或结构转换为另一种，以便于后续的数据处理和分析。在轮机辅助设备监测系统中，原始数据可能来自不同的传感器，其数据格式和结构可能各不相同。因此，系统需要将这些数据统一转换为适合分析的格式，如将不同传感器的数据转换为相同的时间序列数据，或者将模拟信号转换为数字信号等。数据标准化是将数据按照一定的比例进行缩放，使之落入一个统一的范围内，通常是0到1之间。这样做可以消除不同传感器数据之间的量纲差异，便于进行统一的数据分析和比较。在轮机辅助设备监测系统中，由于不同传感器的测量范围和单位可能不同，因此数据标准化显得尤为重要。通过数据标准化处理，可以使得不同传感器的数据在相同的尺度上进行比较和分析，提高数据分析的准确性和效率。

2.基于数据分析的设备状态评估与预警

在轮机辅助设备远程监测系统中，基于数据分析的设备状态评估与预警是核心功能之一。这一功能依赖于对清洗、转换和标准化后的数据进行深入分析和挖掘。设备状态评估是通过对历史数据和实时数据的对比分析，判断设备当前的运行状态是否正常。系统可以利用机器学习算法和统计模型，对设备的各项参数进行趋势分析和异常检测。例如，通过对温度、压力、转速等关键参数的实时监测数据与历史数据进行比对，系统可以评估出设备当前的性能状态，及时发现并报告潜在的故障风险。预警功能则是在设备状态评估的基础上，对可能出现的故障进行提前预警。系统可以设定不同的预警级

别，当监测到的数据超出预设的安全范围或达到预警阈值时，系统会自动触发预警机制，通过声光报警、短信通知等方式及时告知管理人员。这种预警机制可以大幅缩短故障发现和处理的时间，提高设备的运行效率和安全性。同时，系统还可以根据历史数据和预警记录进行故障预测，为预防性维护提供有力支持。

（四）轮机辅助设备远程监测系统用户界面与交互设计

1.直观的数据可视化展示

在轮机辅助设备远程监测系统中，直观的数据可视化展示是用户界面设计的关键要素之一。数据可视化能够将复杂的数据信息以图形、图表等直观形式呈现出来，帮助用户更快速、更准确地理解数据，从而做出有效的决策。为了实现直观的数据可视化展示，系统需要充分利用各种图表类型，如折线图、柱状图、饼图等，根据数据类型和展示需求选择合适的图表。例如，对于温度、压力等连续变化的数据，可以使用折线图展示其变化趋势；对于设备故障类型的统计数据，则可以使用饼图来直观展示各类故障所占的比例。数据可视化还需要注重交互性。用户可以通过交互操作，如缩放、拖动、筛选等，来深入探索数据，发现数据背后的规律和趋势。这种交互性的数据可视化不仅能够提升用户的使用体验，还能帮助用户更深入地理解数据，从而做出更明智的决策。系统还应支持实时数据更新和动态可视化。随着轮机辅助设备的运行，数据会不断产生变化。系统需要能够实时接收并处理这些数据，然后通过数据可视化展示最新的设备状态和运行信息。这种动态的数据可视化可以让用户随时掌握设备的最新情况，及时发现并处理潜在问题。

2.用户友好的操作界面与交互体验

用户友好的操作界面与交互体验是轮机辅助设备远程监测系统设计的另一个重要方面。一个优秀的用户界面应该简洁明了，便于用户理解和操作。系统中所有的功能和操作都应该符合用户认知和习惯，减少用户的学习成本和使用难度。为了达到这一目标，系统需要采用清晰的导航结构和直观的图标设计，帮助用户快速找到所需功能。同时，系统还应提供详细的帮助文档和在线支持，解答用户在使用过程中可能遇到的问题。在交互体验方面，系统需要响应用户的操作迅速且准确。对于用户的输入和指令，系统应给出及时的反馈，确保用户知道自己的操作是否有效。此外，系统还可以采用动画、声音等多媒体手段来增强交互的趣味性和直观性。总的来说，用户友好的操作界面与交互体验是提升轮机辅助设备远程监测系统整体可用性和用户满意度的关键因素。通过不断优化界面设计和交互逻辑，系统可以更好地满足用户的需求和期望，从而在实际应用中产生更大的价值。

四、轮机辅助设备远程监测系统的应用效果

（一）提高设备运行效率与安全性

轮机辅助设备远程监测系统的应用，为设备运行效率与安全性的提高带来了显著效果。这一系统通过实时监测设备的各项关键参数，以及优化设备维护计划，不仅有效预防了潜在故障的发生，还减少了停机时间，从而大幅提高了设备的整体运行效率和生产效益。

1.通过实时监测预防潜在故障

轮机辅助设备远程监测系统通过实时监测设备的温度、压力、转速等关键参数，为预防潜在故障提供了有力支持。这种实时的数据监测使得设备的任何异常变化都能被及时捕捉，从而在故障发生前进行预警和干预。实时监测的好处不仅在于及时发现问题，还在于能够提前预防问题的发生。系统通过对历史数据的分析和学习，可以预测设备可能出现的故障模式，并提前通知相关人员对设备进行维护或更换部件，从而避免了意外停机带来的生产损失。这种预防性的维护策略，大大降低了设备故障率，提高了设备的安全性和可靠性。实时监测还能帮助管理人员更准确地了解设备的运行状态和性能表现。通过对实时数据的分析，可以评估设备的健康状况，及时发现并解决性能"瓶颈"，确保设备始终运行在最佳状态。

2.优化设备维护计划，减少停机时间

轮机辅助设备远程监测系统不仅提供了实时的设备监测功能，还能根据设备的运行数据和状态，智能地生成维护计划。这种基于数据的维护计划，相比传统的定期维护方式，更加精准和高效。通过优化设备维护计划，系统能够确保设备在需要维护时得到及时的服务，避免过度维护或维护不足的情况。这种精准的维护策略不仅延长了设备的使用寿命，还减少了不必要的停机时间，从而提高了设备的运行效率。系统还能根据设备的维护历史和使用情况，预测未来可能的维护需求。这使管理人员能够提前做好准备，合理安排维护时间和资源，确保设备的连续稳定运行。这种预见性的维护管理，大大降低了突发故

障导致的停机风险，为企业的稳定生产提供了有力保障。

（二）降低运营成本与风险

1.基于数据分析的预防性维护策略的实施效果

轮机辅助设备远程监测系统通过持续收集设备运行数据，并运用先进的数据分析技术，为实施预防性维护策略提供了强有力的支持。这一策略的实施效果显著，具体表现在以下几个方面：首先，通过数据分析，系统能够准确预测设备可能出现的问题，从而在故障发生前采取维护措施。这种预见性的维护方式避免了设备在运行中出现突然故障，减少了停机时间和生产损失。相较于传统的故障后维修方式，预防性维护策略显著提高了设备的运行效率，降低了维修成本。其次，数据分析帮助企业更精确地制订维护计划。系统根据设备的实际运行情况和历史数据，为每台设备量身定制维护方案。这不仅确保了设备的健康运行，还避免了不必要的维护操作和资源浪费。通过这种方式企业在维护设备方面的投入更加精准和高效，进一步降低了运营成本。最后，预防性维护策略的实施延长了设备的使用寿命。通过及时发现并解决潜在问题，设备能够在更长时间内保持良好状态，从而延缓了设备更换的需求，为企业节省了大量的设备采购和安装成本。

2.减少突发故障带来的损失与风险的具体措施

轮机辅助设备远程监测系统通过实时监测和预警机制，有效减少了突发故障带来的损失和风险。系统的实时监测功能能够及时发现设备的异常状态，一旦设备出现异常情况，系统就会立即发出预警，通知相关人员进行检查和处理。这种快速的响应机制避免了故障的进一步恶化，降低了设备损坏的可能性。通过对设备运行数据的深入分析，企业可以及时发现设备性能的下降趋势，从而提前采取措施进行干预。这种基于数据的决策方式使得企业能够更加主动地管理设备风险，降低了突发故障的发生概率。当设备出现故障时，专家可以通过远程访问系统数据，快速定位问题所在，并提供解决方案。这种高效的故障处理方式大幅缩短了故障排除时间，减少了因故障导致的生产中断和损失。因此，轮机辅助设备远程监测系统在降低运营成本与风险方面发挥了显著作用。为了进一步提升系统的应用效果，建议企业持续优化数据分析算法，提高预警的准确性；加强员工培训，提升员工对系统的熟悉程度和操作技能。此外，还可以考虑与其他智能化管理系统进行集成，实现更全面的设备管理和优化。

（三）提高船舶运营管理水平

轮机辅助设备远程监测系统在船舶运营管理中的应用，显著提高了船舶运营管理水平，使船舶运营更加高效、安全和节能。以下是系统如何实时掌握设备状态以优化调度与运营决策，以及如何利用数据进行船舶能效的管理与优化的详细阐述。

1.实时掌握设备状态，优化调度与运营决策

轮机辅助设备远程监测系统通过实时收集设备运行数据，使船舶运营者能够及时掌握设备的状态。这一功能的实现，对优化调度和运营决策起到了至关重要的作用。实时监测设备状态有助于及时发现并处理潜在问题。系统能够持续跟踪设备的运行状态，一旦发现异常情况，如温度过高、压力异常等，就会立即发出警报。这种即时的反馈机制，确保了问题能够在萌芽状态就被发现并解决，从而避免了设备故障对运营造成的影响。实时数据还为调度决策提供了有力支持。通过分析设备的实时运行数据，运营者可以更加准确地评估船舶的航行能力和效率，进而做出更合理的调度安排。例如，在了解设备状态的基础上，可以优化航线的选择，避开可能导致设备过载或效率低下的航行条件，从而提高航行的安全性和经济性。同时，这些数据还为运营决策提供了科学依据。通过对历史数据和实时数据的对比分析，运营者可以更加深入地了解设备的性能表现和运行规律，从而制定出更加精细化的运营管理策略。这不仅有助于提高船舶的整体运营效率，还能在一定程度上延长设备的使用寿命。

2.数据驱动的船舶能效管理与优化

轮机辅助设备远程监测系统收集的大量数据，还为船舶能效的管理与优化提供了有力支持。系统通过对船舶能耗数据的实时监测和分析，帮助运营者清晰了解船舶的能耗情况。这些数据包括燃油消耗、电力使用等关键指标，通过对比分析和历史趋势预测，可以制定出更为合理的能耗管理策略。例如，调整航行速度、优化设备运行模式等，以降低能耗、提高能效。系统还能结合船舶的航行路线、气象条件等外部因素，为船舶提供更加精准的能效优化建议。这种数据驱动的管理方式，不仅提高了船舶的能效水平，还降低了运营成本，也有助于减少船舶对环境的影响，实现更加绿色、可持续的航运。轮机辅助设备远程监测系统通过实时掌握设备状态和数据驱动的能效管理，显著提高了船舶的运营管理水平。这不仅增强了船舶运营的安全性和经济性，还为航运业的可持续发展贡献了重要力量。

五、轮机辅助设备远程监测系统的实施价值及行业影响

（一）轮机辅助设备远程监测系统的实施意义与价值

轮机辅助设备远程监测系统的实施对于提高设备运行的可靠性与安全性具有显著意义。通过实时收集设备运行数据，系统能够迅速识别异常情况，及时发出预警，从而大大降低了设备故障的风险。这种实时监测的机制使得船舶运营者能够在第一时间发现并解决潜在问题，有效预防了可能的安全事故，确保了船舶航行的稳定与安全。轮机辅助设备远程监测系统通过数据分析，为设备的维护工作提供了精准的指导。传统的定期维护模式往往存在盲目性和浪费性，而远程监测系统则能够根据实际运行数据来判断设备的维护需求，从而实现精准维护。这不仅延长了设备的使用寿命，还优化了维护成本，使船舶运营更加经济高效。轮机辅助设备远程监测系统所收集的大量数据，经过深度分析和挖掘，能够为船舶运营提供宝贵的决策支持。这些数据不仅能反映设备的运行状态，还能揭示运营过程中的潜在问题和改进空间。基于这些数据，船舶运营者可以更加科学地制定运营策略、优化航线规划，提高整体运营效率。

（二）轮机辅助设备远程监测系统对船舶行业的影响

轮机辅助设备远程监测系统的广泛应用，正推动着船舶行业向数字化转型迈进。这一技术的引入，使得船舶企业开始积极拥抱数字化工具，通过数据驱动的管理和决策模式，提升企业的运营效率和竞争力。数字化转型不仅改变了传统的工作方式，还为行业带来了更多的创新机遇。轮机辅助设备远程监测系统正在重塑船舶行业的维护管理模式和工作流程，传统的定期维护和事后维修模式逐渐被基于数据的预测性维护所取代。这种新的维护模式更加高效、精准，能够有效减少设备故障和停机时间，提高船舶的运营效率。同时，这也对工作人员的技能和知识水平提出了更高的要求，推动了行业人才的培养和升级。轮机辅助设备远程监测系统的数据共享功能，提高了船舶行业的透明度。各相关方可以实时查看设备的运行状态和数据，从而加强了各方之间的沟通与协作。这种透明度的提升，有助于及时发现和解决问题，提高整个行业的协作效率和响应速度。同时，这也为行业监管提供了更加便捷和高效的手段，推动了行业的健康发展。

第5章 轮机辅助设备运行实时数据处理与分析

在船舶运营中，轮机辅助设备的稳定运行是确保航行安全和提高运营效率的关键因素。随着科技的不断发展，我们已经能够通过先进的传感技术和数据处理方法对轮机辅助设备的运行状态进行实时监控和分析。这种技术的进步，为我们提供了前所未有的机会，有助于我们更深入地了解设备的性能状态，预测潜在问题，并及时采取措施以预防故障的发生。轮机辅助设备运行数据的收集与传输，以及对其进行的实时处理与分析，已经成为现代船舶管理中不可或缺的一环。这些数据不仅反映了设备的当前运行状态，更是进行预防性维护和优化运营决策的重要依据。通过对实时数据的处理和分析，我们可以及时发现设备运行中的异常情况，准确评估设备的健康状况，从而为船舶的安全、高效运营提供有力支持。本章将深入探讨轮机辅助设备运行实时数据的处理与分析技术，包括数据的收集、传输、处理及分析方法，并阐述数据分析在轮机辅助设备运行中的重要性和应用。通过对这些内容的详细论述，我们希望能够为读者提供一个全面而深入的理解框架，以便更好地应用这些技术来提高船舶运营的安全性和效率。

轮机辅助设备运行实时数据处理技术概述

轮机辅助设备运行实时数据处理技术是船舶管理现代化的重要组成部分。在船舶运营过程中，轮机辅助设备产生的数据是庞大且复杂的，如何高效地收集、传输并处理这些数据，成为提高船舶运营效率与安全性的关键。实时数据处理技术的出现，为我们提供了一种有效的手段，能够即时将设备运行数据转化为有价值的信息，进而指导我们进行科学的决策。本节将重点探讨轮机辅助设备运行实时数据处理技术的基本原理和应用方法，旨在为船舶管理者提供实用的技术支持，以确保轮机辅助设备的稳定运行，进而保障船舶航行的安全与高效。

一、轮机辅助设备运行实时数据处理技术的重要性

轮机辅助设备的稳定运行对于船舶的安全和性能至关重要。这些设备在运行过程中会产生大量的数据，包括温度、压力、转速等各种参数。实时数据处理技术的引入，使这些数据能够得到及时分析和处理，从而提供对设备状态的实时监控和预警。通过实时数据处理，船舶运营者可以迅速发现设备的异常情况，及时采取措施防止故障的发生或扩大，确保船舶的安全运行。实时数据处理技术还能够提供设备的运行效率和性能分析。通过对大量数据的挖掘和分析，可以找出设备运行中的瓶颈和问题，为优化设备的运行和维护提供有力支持。这不仅有助于延长设备的使用寿命，还能提高船舶的运营效率，降低运营成本。此外，随着智能化和自动化技术的不断发展，实时数据处理技术将成为船舶智能化管理的重要组成部分。通过对轮机辅助设备运行数据的实时监控和分析，可以实现设备的智能诊断和预测性维护，进一步提高船舶的运营安全和效率。

二、轮机辅助设备运行实时数据处理技术基础

（一）定义轮机辅助设备运行实时数据处理技术

轮机辅助设备运行实时数据处理技术，是指对轮机辅助设备在运行过程中产生的各种数据进行即时收集、传输、处理和分析的一系列技术手段。这种技术的核心在于"实时性"，即能够确保数据的处理和反馈与设备运行状态保持同步，从而实现对设备状态的实时监控和调整。实时数据处理技术不仅关注数据的准确性和完整性，更强调数据处理的时效性和响应速度。在轮机辅助设备的运行中，这种技术能够帮助管理人员及时掌握设备的运行状态，发现潜在问题，并对设备进行相应的调整和优化。通过实时数据处理技术，船舶的运营效率和安全性可以得到显著提高，也为设备的预测性维护和健康管理提供了有力支持。

（二）轮机辅助设备运行实时数据处理的基本流程和框架

轮机辅助设备运行实时数据处理的基本流程可以概括为数据采集、数据预处理、数据流处理以及数据分析和应用四个主要环节。首先，数据采集是实时数据处理的基础，它通过各种传感器和监测设备实时收集轮机辅助设备的运行数据。这些数据包括温度、压力、转速、功率等多种参数，是后续数据处理和分析的原始依据。其次，数据预处理环节，这一步骤主要是对原始数据进行清洗、去噪、归一化等处理，以提高数据的质量和可用性。预处理后的数据将更加准确、规范，便于后续的数据流处理和分析。再次，数据流处理是实时数据处理的核心环节，它负责对预处理后的数据进行实时处理和分析。通过运用各种算法和模型，数据流处理能够及时发现数据中的异常和趋势，为设备的实时监控和预警提供有力支持。最后，数据分析和应用环节，这一步骤主要是对处理后的数据进行深入挖掘和分析，以发现设备运行中的问题和优化空间。通过数据分析，我们可以了解设备的性能状况、预测潜在故障，并为设备的优化运行和维护提供决策支持。这四个环节相互衔接、密切配合，共同构成了轮机辅助设备运行实时数据处理的基本框架。

（三）轮机辅助设备运行实时数据处理技术关键技术介绍

1.数据采集技术

数据采集是实时数据处理的首要环节，其准确性直接影响后续数据处理的可靠性和有效性。在轮机辅助设备运行中，数据采集主要通过各种传感器

⇨轮机辅助设备运行数据收集及传输

和监测设备实现。这些设备能够实时感知和记录设备的运行状态，如温度、压力、转速等关键参数。为了确保数据的准确性和完整性，采集设备需要具备高精度、高稳定性和快速响应等特点。此外，数据采集还需要考虑数据的传输和存储问题。在船舶等复杂环境中，数据的稳定传输和可靠存储至关重要。因此，数据采集系统需要具备强大的抗干扰能力和数据存储功能，以确保数据的连续性和可追溯性。

2.数据预处理技术

数据预处理是确保数据质量的关键步骤。在轮机辅助设备运行中，原始数据可能包含噪声、异常值或缺失值等问题，这些问题会严重影响后续数据分析的准确性。因此，数据预处理技术的主要目的是清洗数据、去除噪声、填补缺失值，并将数据转换为适合分析的格式。数据清洗主要是识别和删除重复、无效或错误的数据记录。去噪则是通过算法识别并去除数据中的随机误差或异常波动。数据归一化则是将数据按比例缩放至特定范围，以消除不同参数之间的量纲差异，便于后续的数据分析和比较。

3.数据流处理技术

数据流处理技术是实时数据处理的核心。在轮机辅助设备运行中，数据流处理技术能够实现对设备状态的实时监控和预警。这种技术主要处理连续到达的数据流，并能够在短时间内做出响应，提供实时的分析结果。数据流处理的关键在于运用高效的算法和模型对数据进行实时分析。这些算法和模型需要具备快速处理大量数据、及时发现异常和趋势的能力。此外，数据流处理技术还需要考虑数据的时效性和准确性之间的平衡，以确保在提供实时反馈的同时，保证数据分析的准确性和可靠性。

4.数据存储及管理技术

数据存储及管理技术是轮机辅助设备运行实时数据处理不可或缺的一环。随着船舶运营的持续，轮机辅助设备产生的数据量不断累积，如何安全、高效地存储和管理这些数据成为一个重要问题。安全性是数据存储的首要考虑因素。船舶运营数据往往涉及商业机密和运营安全，因此必须采用高强度的加密技术对数据进行保护，防止数据泄漏或被非法访问。同时，通过访问控制机制，确保只有授权人员才能访问敏感数据，从而进一步提高数据的安全性。可靠性是数据存储的另一个关键要求。为了防止数据丢失或损坏，需要采用冗余存储技术，如RAID（独立磁盘冗余阵列），确保即使部分存储设备出现故障，数据也能得到完整恢复。此外，定期的数据备份和远程容灾备份也是保障数据可靠性的重要措施，高效性也是数据存储及管理技术追求的目标。通过采用高性能的存储设备、优化存储结构和使用高效的索引技术，可以确保在大量数据中快速定位所需信息，提高数据访问速度，满足实时数据处理的需求。

5.大数据分析及挖掘技术

大数据分析及挖掘技术在轮机辅助设备运行实时数据处理中发挥着重要作用。通过对海量数据的深入分析和挖掘，我们可以发现数据背后的隐藏信息和规律，为设备运维和船舶运营提供有价值的洞察。数据分析技术可以帮助我们全面了解设备的运行状态和性能表现。通过对设备运行数据的统计分析，可以识别出异常数据点和性能瓶颈，及时发现潜在问题并进行处理。同时，通过对历史数据的分析，可以预测设备未来的运行状态和性能趋势，为预防性维护提供有力支持。数据挖掘技术则能够进一步揭示数据中的深层信息和关联规则。通过聚类、分类、关联分析等算法，可以发现设备运行数据中的隐藏模式和关联关系，为优化设备运行参数和维护策略提供科学依据。例如，通过挖掘设备故障前的数据特征，可以建立故障预测模型，提前预警并采取措施防止故障发生。

6.数据可视化技术

数据可视化技术在轮机辅助设备运行实时数据处理中具有直观、易懂的特点。通过将大量数据以图形、图表等可视化形式展现出来，可以帮助管理人员更快速地理解和分析设备运行状态。数据可视化技术能够将复杂的运行数据转化为简洁明了的视觉信息。例如，通过折线图可以清晰地展示设备参数随时间的变化趋势；通过饼图可以直观地展示不同设备或不同参数在总体中所占的比例；通过散点图可以揭示不同参数之间的关联关系。这些可视化工具不仅提高了数据的可读性，还有助于发现数据中的异常和趋势。此外，数据可视化技术还可以与其他技术相结合，提供更加丰富的信息展示方式。例如，通过与大数据分析技术结合，可以在可视化界面中实时展示设备运行状态的预测结果和潜在风险；通过与虚拟现实技术结合，可以创建三维的设备运行模拟场景，提供更加直观的设备运行状态感知方式。

7.大数据安全技术

大数据安全技术在轮机辅助设备运行实时数据处理中起着至关重要的作

用。随着数据量的不断增加和数据处理技术的日益复杂,数据安全问题也变得越来越突出。数据加密技术是保障数据安全的重要手段之一。通过对敏感数据进行加密处理,可以确保数据在传输和存储过程中不被窃取或篡改。同时,采用强密码学算法和密钥管理机制可以进一步提高数据加密的强度和可靠性。访问控制技术是另一项重要的数据安全措施。通过身份认证和权限管理机制,可以确保只有授权人员才能访问敏感数据和执行关键操作。这不仅可以防止未经授权的访问和数据泄漏风险,还可以追溯和审计数据访问行为,提高数据的安全性与可控性。此外,数据备份与恢复技术也是大数据安全技术的重要组成部分。通过定期备份重要数据和建立灾难恢复计划,可以确保在发生意外情况时及时恢复数据并保障业务的连续性。这对于轮机辅助设备的稳定运行和船舶运营的安全至关重要。

三、轮机辅助设备运行数据的收集

(一)数据收集的重要性及挑战

在轮机辅助设备的运行管理中,数据收集是重要的一环。首先,通过收集设备运行数据,管理人员能够实时监控设备的状态,确保其正常运行,预防潜在故障。其次,数据收集为后续的数据分析提供了基础,有助于发现设备运行中的问题和改进空间,进而优化设备的运行效率。然而,数据收集也面临着诸多挑战。一方面,轮机辅助设备种类繁多,不同设备产生的数据类型和格式各异,这给数据的统一收集和管理带来了难度。另一方面,船舶运行环境复杂多变,数据收集过程中可能会受到各种干扰,影响数据的准确性和完整性。此外,随着技术的发展,数据量和数据类型的不断增加也对数据收集系统提出了更高的要求。

(二)常用的数据收集方法和工具

为了有效应对上述挑战,实践中采用了多种数据收集方法和工具。常用的数据收集方法包括传感器监测、日志记录、远程监控等。传感器监测通过在设备上安装传感器,实时采集设备的运行数据,如温度、压力、转速等。日志记录则是通过设备自身或相关系统记录设备运行过程中的关键事件和操作,便于后续分析。远程监控则是利用网络技术,实现对设备运行状态的远程实时监测。在工具方面,常用的数据收集工具有数据采集器、SCADA系统

(监控和数据采集系统)以及专门的船舶管理软件等。数据采集器能够直接从传感器或其他数据源获取数据,并进行初步的处理和存储。SCADA系统则能够实现对多个设备的集中监控和数据采集,提供可视化的操作界面和报警功能。船舶管理软件则通常集成了数据采集、处理和分析功能,为船舶运行管理提供全面的支持。

(三)数据收集的注意事项和最佳实践

在进行数据收集时,需要注意三点:首先,要确保数据的准确性和完整性,避免收集到错误或缺失的数据。这要求在选择数据收集方法和工具时要充分考虑其可靠性和稳定性。其次,要关注数据的实时性,确保能够及时获取设备的最新运行状态。此外,数据的保密性和安全性也是不可忽视的问题,需要采取相应的措施来保护敏感数据不被泄漏或滥用。在数据收集的最佳实践方面,建议采取以下措施:一是制订详细的数据收集计划,明确收集目标、数据源、收集频率等关键要素。二是定期对数据采集系统进行检查和维护,确保其正常运行和数据质量。三是建立数据质量评估机制,对收集的数据进行定期验证和清洗,以提高数据分析的准确性。最后,要加强与相关部门的沟通和协作,确保数据收集工作能够得到充分的支持和配合。

四、轮机辅助设备运行数据的传输

(一)数据传输的技术要求和挑战

轮机辅助设备运行数据的传输是确保船舶运营智能化、高效化的关键环节。数据传输的技术要求主要包括实时性、稳定性和准确性。实时性要求数据能够在最短时间内从数据源传输到目标位置,以便及时反映设备的运行状态。稳定性则是指在复杂的船舶环境中,数据传输应不受外界干扰,保持持续稳定的传输。准确性则要求传输过程中数据应保持不变,确保接收端获取的数据与发送端一致。然而,在实际应用中,数据传输面临诸多挑战。首先,船舶环境的特殊性,如电磁干扰、振动等,都可能对数据传输造成不良影响。其次,随着数据传输量的增加,如何确保高效的数据压缩和解压,以减少传输延迟和带宽占用,也是一个重要问题。最后,安全性问题不容忽视,如何防止数据在传输过程中被窃取或篡改是数据传输中必须考虑的问题。

（二）常用的数据传输协议和技术

为了满足轮机辅助设备运行数据传输的技术要求，实践中采用了多种传输协议和技术。其中，TCP/IP协议因其可靠性和稳定性而被广泛应用。TCP协议通过三次握手建立连接，确保数据的可靠传输；而IP协议则负责数据的路由和寻址。此外，为了应对实时性要求，一些基于UDP的改进协议也被采用，如RTP（实时传输协议）和RTCP（RTP控制协议），它们能够在一定程度上牺牲部分可靠性以换取更高的实时性。除了上述协议外，无线通信技术也在轮机辅助设备运行数据传输中发挥着重要作用。例如，Wi-Fi、ZigBee等无线通信技术能够提供灵活的数据传输方式，适应船舶内部复杂的布线环境。同时，4G/5G移动通信技术的引入，更进一步提高了数据传输的速度和稳定性。

（三）确保数据传输安全性和可靠性的方法

在轮机辅助设备运行数据传输中，确保数据的安全性和可靠性至关重要。首先，数据加密是保护数据不被窃取或篡改的有效手段。通过使用强加密算法，如AES（高级加密标准），可以对传输的数据进行加密处理，确保即使数据被截获也难以解密。其次，采用数据校验技术可以检测数据传输过程中的错误并进行纠正。例如，CRC（循环冗余校验）技术能够通过计算数据的校验码来检测数据的完整性。为了确保数据传输的可靠性，还可以采用确认和重传机制，即接收端在收到数据后向发送端发送确认信息，如果发送端在一定时间内未收到确认信息，则会重新发送数据。这种机制能够确保数据在传输过程中不会丢失或被损坏。最后，通过访问控制和身份验证技术可以限制对数据的访问权限，防止未经授权的访问和数据泄漏。例如，使用用户名和密码进行身份验证，并设置不同的访问权限级别来保护敏感数据的安全性和隐私性。

五、实时数据处理技术在轮机辅助设备中的应用

（一）实时监控与预警系统中的应用

实时监控与预警系统是轮机辅助设备中不可或缺的一部分，而实时数据处理技术在这一系统中发挥着关键作用。通过连续不断地收集设备的运行数据，如温度、压力、转速等，实时数据处理技术能够迅速分析这些数据，判

断设备是否处于正常工作状态。一旦发现数据异常,系统就能够立即触发预警机制,通知管理人员及时采取措施,从而避免潜在的安全事故。实时监控与预警系统不仅提高了设备运行的透明度,还极大增强了应对突发情况的能力。例如,在船舶的冷却系统中,如果冷却液的温度或压力出现异常,实时数据处理技术可以迅速识别这一变化,并通过预警系统及时通知船员。这种即时的反馈机制,不仅有助于船员迅速定位问题,还能在故障发生前进行预防性维护,确保船舶的安全运营。

(二)性能分析与优化中的应用

在轮机辅助设备的性能分析与优化方面,实时数据处理技术同样发挥着重要作用。通过对设备运行数据的深入分析,可以了解设备的性能表现,发现性能瓶颈,进而提出优化建议。这种技术能够帮助船员更好地理解设备的运行状态,为设备的调整和改进提供科学依据。例如,在船舶的燃油系统中,实时数据处理技术可以分析燃油消耗的速度和效率,帮助船员找到最经济的航行速度。此外,通过对设备的历史数据进行挖掘,还可以预测设备在不同工况下的性能表现,为船舶的运营策略提供有力支持。这种基于数据的决策方法,不仅提高了设备的运行效率,还降低了运营成本。

(三)在故障预测与健康管理中的应用

实时数据处理技术在轮机辅助设备的故障预测与健康管理中也具有重要意义。通过对设备运行数据的持续监测和分析,可以预测设备可能出现的故障,从而提前制订维护计划,避免意外停机带来的损失。这种预测性维护的方法,不仅提高了设备的可靠性,还延长了设备的使用寿命。以船舶的推进系统为例,实时数据处理技术可以监测轴承温度、振动等关键指标,一旦发现这些指标出现异常趋势,就意味着设备可能即将发生故障。此时,船员可以根据预测结果提前进行维护或更换部件,确保推进系统的稳定运行。这种基于数据的故障预测与健康管理方法,为船舶的安全航行提供了有力保障。

六、轮机辅助设备运行实时数据处理技术发展趋势与挑战

（一）当前实时数据处理技术面临的问题

目前，轮机辅助设备运行实时数据处理技术虽然取得了显著进步，但仍面临一些问题。首先，数据处理的准确性和效率需要进一步提高。由于轮机辅助设备产生的数据量庞大且复杂，如何确保数据的准确性，提高处理速度，是当前技术面临的重要挑战。其次，数据安全问题也不容忽视。随着数据传输和存储的网络化，如何保护数据不被非法访问和篡改，防止数据泄漏，成为亟待解决的问题。最后，技术的集成与兼容性也是一大难题。轮机辅助设备涉及多种技术和系统，如何实现这些技术和系统之间的无缝集成，确保数据的顺畅流通，是提高实时数据处理技术效果的关键。

（二）未来技术发展的方向和趋势

展望未来，轮机辅助设备运行实时数据处理技术将朝着更智能化、更高效化的方向发展。首先，人工智能技术将被更深入地应用于数据处理中，实现更精准的数据分析和预测。通过机器学习、深度学习等方法，系统能够自动识别数据模式，提前预警潜在问题。其次，边缘计算技术将得到更广泛的应用。通过在设备端进行数据处理，可以减少数据传输的延迟，提高处理效率。此外，5G和物联网技术的融合也将为实时数据处理带来新的可能性，实现更快速、更可靠的数据传输和更广泛的设备连接。

（三）如何应对技术发展带来的挑战

面对技术发展带来的挑战，我们需要采取一系列措施来应对。首先，加强技术研发和创新是关键。通过不断投入研发资源，推动实时数据处理技术的突破和进步。其次，重视人才培养和引进是重要一环。培养具备专业技能和创新能力的人才队伍，为技术的发展提供有力支持。同时，加强与国际先进水平的交流与合作，引进先进技术和管理经验，也是提升我们自身技术实力的重要途径。最后，我们需要建立完善的数据安全保障体系。通过制定严格的数据安全标准和规范，加强数据传输、存储和处理环节的安全防护，以确保数据的安全性和完整性。

七、轮机辅助设备运行实时数据处理技术的核心与前景

（一）轮机辅助设备运行实时数据处理技术的核心要点

数据收集的全面性与准确性是实时数据处理的基础。通过各种传感器和监控系统，不间断地收集轮机辅助设备的各项运行数据，如温度、压力、转速、振动等，确保数据的全面覆盖和准确性。这些数据不仅反映了设备的即时状态，也是后续数据分析和处理的重要依据。数据传输的稳定性和实时性是确保数据处理及时有效的关键。采用先进的通信技术，如无线传输、有线网络等，确保数据能够在第一时间稳定传输到处理中心，避免因传输延迟或数据丢失而影响处理的准确性和时效性。数据处理的智能化和自动化是提高处理效率的重要手段。借助先进的算法和模型，如机器学习、深度学习等，对数据进行深度挖掘和分析，实现故障预警、性能优化等功能的自动化处理。这不仅可以大大减轻人工处理的负担，还能提高处理的精确度和效率。同时，数据安全和隐私保护是实时数据处理不可忽视的一环。通过建立完善的数据加密、访问控制等安全措施，确保数据在处理和存储过程中的安全性，防止数据泄漏或被恶意利用。

（二）展望轮机辅助设备运行实时数据未来技术发展和应用前景

轮机辅助设备运行实时数据处理技术的未来发展和应用前景十分广阔。在技术发展方面，我们可以预见到更加智能化和自动化的数据处理系统将被开发出来。这些系统将能够更准确地预测和预防设备故障，提高设备的运行效率和可靠性。同时，随着边缘计算和云计算技术的不断发展，数据处理的速度和能力将得到进一步提升，为实时监控和预警提供更强大的支持。

在应用前景上，轮机辅助设备运行实时数据处理技术将不仅仅局限于船舶领域，它还可以扩展到其他类似的复杂系统中，如电力系统、化工系统等，为这些系统的安全运行和效率提高提供有力保障。此外，随着物联网技术的普及和发展，轮机辅助设备的运行数据将与其他系统的数据进行融合分析，为更广泛的智能决策和优化提供数据支持。从更长远的角度来看，轮机辅助设备运行实时数据处理技术的发展还将推动相关产业链的创新和升级。例如，它将促进传感器技术、通信技术、数据分析技术等领域的进一步发展，进而形成一个良性的技术生态循环。同时，这也将催生出更多的商业模式和应用场景创新，为轮机辅助设备运行管理带来更多的可能性和价值。

数据分析在轮机辅助设备运行中的作用

在当今高度信息化的时代，数据分析已经成为各行各业提高效率、优化决策的重要工具。轮机辅助设备，作为船舶运行不可或缺的一部分，其运行状态和性能直接关系船舶的安全与效率。随着技术的发展，我们已经有能力收集到大量的轮机辅助设备运行数据，但如何有效地利用这些数据，提取出有价值的信息，以指导设备的运行和维护，成为我们面临的新挑战。数据分析技术的引入，为我们打开了一扇新的大门。通过对轮机辅助设备运行数据的深入挖掘和分析，我们不仅可以实时掌握设备的运行状态，还能预测潜在的问题，优化设备的性能，甚至改变传统的维护模式。在这一节中，我们将深入探讨数据分析在轮机辅助设备运行中的具体作用，以及它是如何助力我们更好地管理和维护这些关键设备的。

一、数据分析与轮机辅助设备运行概述

（一）数据分析在轮机辅助设备运行中的重要性

数据分析在轮机辅助设备运行中占据着举足轻重的地位。轮机辅助设备作为船舶运行的核心组成部分，其性能和稳定性直接关系船舶的整体运行状况。而数据分析作为一种强大的工具，能够实时监控设备的运行状态，及时捕捉异常信号，从而确保设备的正常运作。通过深入分析轮机辅助设备运行过程中产生的大量数据，我们可以精准地掌握设备的健康状况，预测可能出现的故障，并制定相应的预防措施。这种前瞻性的维护策略，不仅有助于延长设备的使用寿命，还能避免因突发故障而导致的生产中断和安全事故。此外，数据分析还能帮助我们优化设备的运行参数，提高能源利用效率，降低运营成本，从而实现经济效益和环保效益的双重提升。因此，数据分析在轮机辅助设备运行中的重要性不言而喻，它是保障设备稳定、高效运行的关键所在。

（二）数据分析技术与轮机辅助设备运行紧密结合

轮机辅助设备的运行与数据分析技术的结合，已经成为现代船舶管理的必然趋势。数据分析技术能够深度融入轮机辅助设备的日常运行中，为其提供精准的数据支持和科学的决策依据。安装在设备上的传感器实时捕捉着各项运行数据，如温度、压力、转速等，这些数据是设备运行状态的直接反映。数据分析技术则能够对这些海量的数据进行高效处理，提取出有价值的信息，为设备的健康评估、故障预测提供坚实的数据基础。通过运用先进的算法模型，我们可以对设备的运行状态进行实时监测，一旦发现异常，便能迅速作出反应，防止问题扩大。此外，数据分析还能帮助我们发现设备运行中的瓶颈和问题所在，为设备的优化和改进提供方向。这样，轮机辅助设备的运行效率和安全性得到了显著提高，船舶的整体性能也随之增强。数据分析技术与轮机辅助设备运行的紧密结合，为现代船舶的高效、安全运行提供了有力保障。

（三）数据分析技术助力轮机辅助设备维护决策

在传统的轮机辅助设备维护中，往往依赖于定期的检查和维修，但这种方式可能存在过度维护或维护不足的问题。而数据分析技术的引入，为设备的维护决策提供了更为科学和精准的依据。利用数据分析，我们可以对轮机辅助设备的运行状态进行持续跟踪和监测，从而准确评估设备的健康状态和性能水平。当数据出现异常或达到预设的维护阈值时，系统会自动触发维护提醒，确保设备在最佳时机得到维护。这种基于数据的维护决策方式，不仅提高了维护的针对性和有效性，还避免了不必要的停机时间和维护成本。此外，数据分析技术还能帮助我们发现设备维护中的规律和趋势，为制订更为合理的维护计划提供数据支持。这样，我们能够在保障设备正常运行的同时，最大限度地延长设备的使用寿命，提升船舶的整体运营效益。数据分析技术在轮机辅助设备维护决策中的应用，无疑为现代船舶管理带来了革命性的变革。

二、数据分析在轮机辅助设备状态监测中的应用

在轮机辅助设备的状态监测中，数据分析发挥着重要作用。有效的设备预防性维护过程可以在设备健康状况恶化之前制定合理的维护决策，避免潜在的安全隐患。随着物联网和大数据技术的发展，利用这些先进技术对设备

健康状态进行监测诊断已成为降低生产成本、提高生产效率的重要手段之一。在物联网技术的应用方面，通过感知层的数据采集和网络层的数据传输，可以实时获取轮机辅助设备的运行数据。同时，在应用层，利用数据分析技术对收集到的数据进行处理和分析，提取有价值的信息，为设备的故障诊断和预防性维护提供科学依据。

设备是企业进行正常生产的物质基础。设备的可靠性和维护效果是保障企业生存的必要条件。设备健康状态的监测、诊断以及维护都直接影响企业的生产经营和经济效益，是企业降低生产成本和保证生产效率的基础。如果在生产设备使用过程中，未能对其运行健康状态进行有效的监测诊断，则设备的突发故障可能会带来难以估算的安全隐患，这时工厂运维人员只能实施事后维修、非计划停机，并承担巨额维修费用和生产损失。随着信息化与工业化的深度融合，信息技术渗透到了工业产业链的各个环节。机械设备所产生、采集和处理的数据日益丰富，移动互联网、物联网、大数据带来的设备健康状态感知、高速数据传输、分布式计算和诊断分析等先进技术，给工业带来深刻的变革。因此，采用先进的信息化分析技术对设备健康状态进行监测诊断，已经成为企业降低生产成本、提高生产效率和市场竞争力的重要手段之一。该技术可使企业避免非计划停机和安全事故，减少企业的维修费用和备件成本。本书针对基于物联网和运行大数据的设备健康状态监测诊断模式进行研究，探讨设备运行维护的有效路径。

三、数据分析在轮机辅助设备性能评估中的价值

（一）如何通过数据分析评估设备的性能表现

在轮机辅助设备性能评估中，数据分析扮演了关键角色。通过收集设备运行过程中的各项数据，如温度、压力、转速等，数据分析能够揭示设备的实际运行状态。这些数据经过整理、清洗和标准化处理，形成可用于评估的可靠数据源。接着，利用统计分析和数据挖掘技术，对数据进行深入挖掘，提取出与设备性能相关的关键指标和趋势。通过与历史数据、设计参数和行业标准的对比，可以全面评估设备的性能表现，包括其稳定性、可靠性和效率等方面。

（二）探讨数据分析在发现设备性能瓶颈及优化建议中的应用

数据分析不仅用于评估设备的整体性能，还能帮助我们发现设备性能瓶颈。通过对各项性能指标进行深入分析，可以识别出限制设备性能提升的关键因素。这些性能瓶颈可能源于设备部件的磨损、参数设置不当或系统协调性问题。一旦识别出性能瓶颈，数据分析还能进一步揭示瓶颈的原因和影响因素。基于这些发现，我们可以提出针对性的优化建议，如更换磨损部件、调整参数设置或改进系统协调性。这些优化建议旨在消除性能瓶颈，提升设备的整体性能。

（三）分析数据驱动的性能评估如何助力提高设备整体效率

数据驱动的性能评估为提高设备整体效率提供了有力支持。通过实时、准确地评估设备性能，我们可以及时发现并解决潜在问题，避免设备故障导致的停机损失。此外，数据分析还能揭示设备运行中的低效环节，如过高的能耗、不合理的操作方式等。基于这些发现，我们可以采取相应措施来降低能耗、优化操作方式，从而提高设备的能效比。同时，数据驱动的性能评估能为预防性维护提供科学依据。通过持续监测和分析设备运行数据，我们可以预测设备的剩余寿命和潜在故障点，并提前制订维护计划。这种预防性的维护策略有助于降低设备的故障率和维修成本，提高设备的整体效率和可靠性。最终，数据分析的应用使得轮机辅助设备的性能评估更加科学、精准和高效，为提高设备整体效率提供了有力保障。

四、数据分析在轮机辅助设备维护决策中的支持

（一）数据分析如何为设备的维护计划提供科学依据

在轮机辅助设备的维护管理中，传统的维护计划往往基于固定的时间间隔或经验判断，这种方式难以准确反映设备的实际运行状况和维护需求。而数据分析技术的引入，为设备的维护计划提供了更为科学、合理的依据。通过收集设备运行过程中的实时数据，如温度、压力、振动等，数据分析技术可以对这些数据进行深入挖掘和分析，从而揭示设备的运行状态、磨损情况和潜在故障风险。基于这些数据，我们可以对设备的维护需求进行精确评估，确定维护的优先级和紧迫性。例如，通过监测设备的振动数据，我们可以分析设备的振动频率、振幅和相位等特征参数，进而判断设备的运行平稳

性和部件的健康状况。如果数据分析结果显示设备的振动异常,那么这可能意味着某些部件存在磨损或故障风险,此时就需要提前进行维护,以避免潜在的安全事故和生产损失。此外,数据分析还可以结合历史维护记录和设备运行数据,建立设备的维护模型和预测模型。通过这些模型,我们可以预测设备的未来运行状态和维护需求,从而为维护计划的制订提供更为科学的依据。这种基于数据的维护计划不仅能够提高设备的维护效率,还能够降低不必要的维护成本和减少停机时间。

(二)基于数据分析的预测性维护策略及其优势

预测性维护是一种基于设备实际运行状况和维护需求的维护策略,它通过数据分析技术来预测设备的潜在故障风险,并提前进行维护干预。与传统的计划性维护和事后维修相比,预测性维护具有显著的优势。首先,预测性维护能够及时发现设备的潜在故障风险,避免故障的发生和扩大。通过实时监测和分析设备的运行数据,数据分析技术可以预测设备的未来运行状态和潜在故障点,从而提前采取维护措施,防止故障的发生和扩大。这种维护策略能够降低设备的故障率和维修成本,提高设备的可靠性和可用性。其次,预测性维护能够提高设备的维护效率和运行效率。通过精确评估设备的维护需求和维护优先级,预测性维护能够确保设备在需要维护时得到及时的干预和处理。这种维护策略能够减少不必要的停机时间和维护成本,提高设备的运行效率和生产效率。此外,预测性维护还能够延长设备的使用寿命和降低更换成本。通过及时干预和处理设备的潜在故障风险,预测性维护能够减少设备的磨损和损坏程度,延长设备的使用寿命。这不仅能够降低设备的更换成本,还能够提高企业的经济效益和市场竞争力。

(三)探究数据分析在降低维护成本和减少停机时间方面的作用

数据分析在轮机辅助设备维护决策中的另一个重要作用是降低维护成本和减少停机时间。通过实时监测和分析设备的运行数据,数据分析技术可以精确评估设备的维护需求和维护优先级,从而制订更为合理的维护计划。一方面,数据分析可以帮助我们识别出设备的低效运行环节和潜在故障风险,从而提前采取维护措施,避免因设备故障导致的停机损失。这种基于数据的维护决策能够减少设备的故障率和降低维修成本,提高企业的生产效率和经济效益。另一方面,数据分析可以帮助我们优化设备的维护流程和维护资源分配。通过对设备运行数据的深入挖掘和分析，我们可以找出维护过程中的瓶颈和浪费环节，从而优化维护流程和提高维护效率。此外，数据分析还可以帮助我们预测设备的维护需求和资源需求，从而提前准备和维护资源，确保设备在需要维护时得到及时的干预和处理。这种基于数据的资源分配能够降低维护成本和提高维护效率，进一步减少停机时间和提高设备的运行效率。

五、数据分析在轮机辅助设备故障预测与健康管理（PHM）中的贡献

（一）PHM的基本概念及其在轮机辅助设备中的应用

故障预测与健康管理（PHM）是一种先进的设备维护策略，旨在通过实时监测和分析设备的运行状态，预测潜在故障，并采取相应的维护措施来延长设备的使用寿命和提高其可靠性。在轮机辅助设备中，PHM的应用具有重要意义，因为这些设备的稳定运行直接关系船舶的安全和效率。PHM的核心在于通过集成各种传感器和监测设备，实时收集设备的运行数据，并利用先进的数据分析技术对这些数据进行处理和分析。通过对设备健康状态的持续监测和评估，PHM能够及时发现设备的潜在故障风险，并预测其未来的运行趋势。这种前瞻性的维护策略使得维护人员能够在故障发生之前进行干预，从而避免不必要的停机时间和维修成本。在轮机辅助设备中，PHM的应用可以覆盖从发动机、发电机到泵浦、阀门等各个部件。通过对这些部件的实时监测和数据分析，我们可以准确评估其健康状态，预测潜在故障，并制订相应的维护计划。这种精细化的维护管理不仅提高了设备的可靠性和稳定性，还降低了维护成本和减少了停机时间。

（二）数据分析如何助力故障预测与健康管理体系的建立

数据分析在故障预测与健康管理体系的建立中发挥着至关重要的作用。通过收集设备的实时运行数据，并利用先进的数据分析技术对这些数据进行处理和分析，我们可以揭示设备的运行规律和潜在故障模式。这些数据驱动的洞察为故障预测和健康管理体系的建立提供了有力支持。首先，数据分析可以帮助我们识别设备的关键性能指标和故障敏感参数。通过对历史数据和实时数据的对比分析，我们可以确定哪些参数对设备的健康状态具有重要影响，并将其作为故障预测和健康管理的重点监测对象。其次，数据分析可以用于建立设备的故障预测模型。通过对设备运行数据的深入挖掘和分析，可

以发现设备故障与运行参数之间的关系，并建立相应的预测模型。这些模型能够实时评估设备的健康状态，并预测其未来的运行趋势和潜在故障风险。最后，数据分析还有助于优化设备的维护策略和健康管理计划。通过对设备健康状态的持续监测和评估，可以发现维护过程中的瓶颈和浪费环节，并提出相应的改进措施。这些改进措施能够降低维护成本和提高维护效率，进一步延长设备的使用寿命和提高可靠性。

（三）数据分析在延长设备使用寿命和提高可靠性方面的贡献

数据分析在延长轮机辅助设备使用寿命和提高可靠性方面发挥着重要作用。通过对设备运行数据的实时监测和分析，可以及时发现设备的潜在故障风险并采取相应的维护措施，从而避免故障的发生和扩大。这种前瞻性的维护策略能够显著减少设备的停机时间和维修成本，并延长其使用寿命。此外，数据分析还有助于优化设备的运行参数和维护计划。通过对设备运行数据的深入挖掘和分析，可以找到设备运行的最佳参数设置和维护周期，从而提高设备的运行效率和稳定性。这种基于数据的优化管理能够降低设备的磨损和损坏程度，进一步延长其使用寿命和提高可靠性。数据分析在轮机辅助设备故障预测与健康管理（PHM）中发挥着关键作用。通过实时监测和分析设备的运行数据，可以建立科学的故障预测和健康管理体系，优化设备的维护策略和运行参数，从而延长设备的使用寿命和提高可靠性。这对于保障船舶的安全和高效运行具有重要意义。

六、数据分析在轮机辅助设备运行中挑战与机遇

（一）当前数据分析在轮机辅助设备运行中面临的挑战

随着数据分析技术在轮机辅助设备运行中的广泛应用，其面临的挑战也日益凸显。这些挑战不仅来自技术层面，还包括数据质量、隐私保护以及跨部门协作等多个方面。首先，在技术层面，当前数据分析面临的挑战主要包括数据处理的复杂性和实时性要求。轮机辅助设备产生的数据量庞大且复杂，包含多种类型的数据，如传感器数据、日志数据等。如何高效地处理和分析这些数据，提取有价值的信息，是数据分析面临的重要挑战。此外，轮机辅助设备的运行状态需要实时监控，对数据分析的实时性要求极高。如何在保证数据准确性的同时实现快速响应，是另一个需要解决的问题。其次，数据质量是另一个不容忽视的挑战。由于轮机辅助设备运行环境的复杂性和

不确定性，收集到的数据可能存在噪声、异常值等问题。这些低质量的数据会严重影响数据分析的准确性和可靠性。因此，如何确保数据的质量，提高数据分析的准确性，是当前数据分析面临的重要挑战之一。再次，隐私保护也是一个需要关注的问题。轮机辅助设备产生的数据中可能包含敏感信息，如设备位置、运行参数等。如何在保证数据分析效果的同时保护用户隐私，是数据分析需要解决的另一个挑战。最后，跨部门协作也是数据分析面临的挑战之一。轮机辅助设备的运行涉及多个部门，如运维部门、生产部门等。如何协调各个部门，确保数据的有效共享和分析结果的及时应用，是数据分析需要解决的问题。

（二）未来数据分析技术的发展趋势及其在轮机辅助设备中的潜在应用

随着技术的不断进步和创新，未来数据分析技术将呈现出更加智能化、自动化和集成化的发展趋势。这些发展趋势将为轮机辅助设备的运行带来更多的机遇和挑战。智能化是数据分析技术发展的重要方向之一。通过引入机器学习、深度学习等人工智能技术，数据分析可以更加智能地处理和分析数据，实现更准确的故障预测和健康管理。此外，智能化的数据分析还可以帮助运维人员更加高效地制订维护计划和管理策略，提高设备的运行效率和可靠性。自动化是另一个重要的发展趋势。通过自动化工具和技术，数据分析可以实现数据的自动收集、处理和分析，减少人工干预和错误。这不仅可以提高数据分析的效率和准确性，还可以降低运维成本和提高工作效率。集成化是未来数据分析技术的另一个重要趋势。通过将数据分析技术与其他技术如物联网、云计算等进行集成，可以实现数据的无缝连接和共享，提高数据分析的实时性和准确性。此外，集成化的数据分析还可以促进不同部门之间的协作和信息共享，提高整个组织的运营效率。在轮机辅助设备中，未来数据分析技术将有更广泛的应用。例如，通过智能化的数据分析可以实现对设备状态的实时监控和预测性维护；通过自动化的数据分析可以优化设备的运行参数和维护计划；通过集成化的数据分析可以促进不同部门之间的协作和信息共享，提高整个船舶的运营效率。

（三）提出应对挑战和把握机遇的策略建议

加强技术研发和创新是关键。通过不断投入研发资源，推动数据分析技术的突破和创新，提高数据处理的效率和准确性。同时，关注新技术的发展动态，及时引入新技术来提高数据分析的智能化和自动化水平。注重数据质量管理和隐私保护。建立完善的数据质量管理制度和隐私保护机制，确保数据的质量和安全性。加强对数据的清洗和校验工作，提高数据的准确性和可靠性。采用加密技术、访问控制等手段保护用户隐私和数据安全。促进跨部门协作和信息共享。建立跨部门的数据共享和分析平台，促进不同部门之间的协作和信息共享。加强部门之间的沟通和协作，共同解决数据分析中遇到的问题和挑战。关注行业标准和法规要求。关注国际和国内的行业标准和法规要求，确保数据分析工作的合规性和规范性。积极参与行业交流和合作，了解行业最新的发展趋势和动态，为数据分析工作提供有力的支持。

七、数据分析在轮机辅助设备中的关键角色

（一）总结数据分析在轮机辅助设备运行中所发挥的关键作用

在轮机辅助设备的运行过程中，数据分析扮演着举足轻重的角色。它不仅仅是一种技术工具，更是推动设备高效、安全运行的关键驱动力。通过实时收集和处理设备的运行数据，数据分析为轮机辅助设备的状态监测、性能评估、维护决策以及故障预测等方面提供了强有力的支持。在状态监测方面，数据分析通过对设备运行数据的实时监测和分析，能够及时发现设备的异常状态，为运维人员提供预警信息，避免因设备故障导致的生产中断和安全事故。在性能评估方面，数据分析通过对设备运行数据的深入挖掘和分析，能够准确评估设备的性能表现，为设备的优化运行和维护提供科学依据。在维护决策方面，数据分析通过预测设备的潜在故障风险，为运维人员提供维护计划和时间建议，降低维护成本和较少停机时间。在故障预测方面，数据分析通过建立故障预测模型，能够预测设备的未来运行状态和潜在故障风险，为运维人员提供前瞻性的维护指导。因此，数据分析在轮机辅助设备的运行中发挥着至关重要的作用。它提高了设备的运行效率和可靠性，降低了运维成本和停机时间，为船舶的安全、高效运行提供了有力保障。

（二）数据分析技术在轮机辅助设备领域的未来发展

随着技术的不断进步和创新，数据分析技术在轮机辅助设备领域的应用将迎来更加广阔的发展前景。未来，数据分析技术将更加智能化、自动化和集成化，为轮机辅助设备的运行提供更加精准、高效的支持。首先，智能化是数据分析技术的重要发展方向。通过引入人工智能、机器学习等先进技

术，数据分析将能够更加智能地处理和分析设备数据，实现更准确的故障预测和健康管理。其次，自动化将进一步提高数据分析的效率和准确性。通过自动化工具和平台，数据分析将能够自动收集、处理和分析设备数据，减少人工干预和错误概率。最后，集成化将促进不同技术之间的融合和协同。通过将数据分析技术与物联网、云计算等技术进行集成，将实现设备数据的无缝连接和共享，为轮机辅助设备的运行提供更加全面、深入的分析和洞察。未来数据分析技术还将面临更多的挑战和机遇。随着设备数据的不断增长和复杂化，如何高效处理和分析这些数据将成为一个重要问题。同时，随着数据隐私和安全问题的日益凸显，如何保护用户隐私和数据安全也将成为数据分析技术需要重点关注的问题。

（三）强调数据分析对于轮机辅助设备运行优化的持续重要性

数据分析对于轮机辅助设备运行优化的重要性不言而喻。它不仅提高了设备的运行效率和可靠性，还降低了运维成本和减少了停机时间，为船舶的安全、高效运行提供了有力保障。在未来，随着技术的不断进步和创新，数据分析将继续在轮机辅助设备的运行优化中发挥重要作用。为了充分发挥数据分析的优势，我们需要不断加强技术研发和创新，提高数据分析的智能化和自动化水平。我们还需要加强跨部门协作和信息共享，促进不同部门之间的数据共享和分析结果的应用。此外，我们还需要关注数据隐私和安全问题，确保用户隐私和数据安全得到有效保护。总之，数据分析在轮机辅助设备运行优化中发挥着至关重要的作用。我们需要充分认识其重要性，并不断探索和创新数据分析技术，以推动轮机辅助设备的持续优化和发展。

第6章 轮机辅助设备运行数据传输与通信技术

　　轮机辅助设备是船舶动力系统的关键组成部分，其运行状态直接关系到船舶的安全与效率。在现代航海技术迅猛发展的背景下，轮机辅助设备的运行数据收集与传输显得尤为重要。这些数据不仅能帮助船员实时监控设备的运行状态，还能为设备的预防性维护和故障预测提供有力支持。然而，海上环境的特殊性给数据传输带来了诸多挑战。海浪、盐雾、电磁干扰等自然和人为因素都可能影响数据传输的稳定性和准确性。因此，选择恰当的数据传输方式和通信协议，制定应对海上环境挑战的解决方案，成为确保轮机辅助设备运行数据有效传输的关键。

　　本章将深入探讨轮机辅助设备运行数据的传输方式与通信协议，分析在海上环境中数据传输所面临的具体挑战，并提出相应的解决方案。通过本章的学习，读者将能够更好地理解轮机辅助设备运行数据传输的复杂性，以及如何在实践中优化数据传输策略，从而确保船舶的安全、高效运行。

轮机辅助设备运行数据传输方式与通信协议

轮机辅助设备的运行数据是评估船舶性能、预防潜在故障以及优化维护策略的重要依据。为了有效利用这些数据，必须首先解决数据如何高效、准确地传输的问题。数据传输方式与通信协议的选择，直接关系数据传输的效率、稳定性和安全性。随着航海技术的不断进步，各种新型的数据传输方式和通信协议层出不穷，为轮机辅助设备的数据传输提供了更多选择。本节将重点探讨轮机辅助设备运行数据的各种传输方式，以及在实际应用中广泛采用的通信协议。我们将分析不同传输方式和协议的特点、优势与局限性，以帮助读者更好地理解和选择适合自身需求的方案。通过深入了解这些技术细节，可以为轮机辅助设备运行数据的传输提供更加坚实的技术支撑，从而确保船舶运营的顺利进行。

一、轮机辅助设备运行数据传输方式

（一）轮机辅助设备运行数据有线传输

在现代船舶运营中，轮机辅助设备的运行数据是确保船舶安全、高效运行的关键因素。为了实时、准确地传输这些数据，有线传输技术，特别是电缆传输，发挥着举足轻重的作用。本节旨在探讨轮机辅助设备运行数据有线传输的特点、优势以及局限性，以期为船舶行业的相关从业人员提供有益的参考和指导。在迅速发展的信息时代，有线传输系统技术应用非常广泛，给人们的生活带来了很大的方便，人与人之间能够进行及时准确的联系，同时提高了人们的沟通质量以及工作效率。为了让有线传输技术在我们生活中发挥更大的作用，工作技术人员必须对有线传输技术进行深入的了解与研究。

1.有线传输技术的优缺点

优点：有线传输技术具有抗干扰的能力，能够保持信号的稳定，准确地将信息从一方传递到另一方，快速的信息传递提高了人们生活和工作的效率，而且在传输的过程中对人体的危害小，不会给人体健康造成威胁，具有准确、迅速、安全的特点。

缺点：有线传输技术需要进行线路布置，布置线路的过程会受到空间的局限，所以有线通信技术会受空间的影响。有线通信只能局限在一个很小的空间中，增加了使用人员的投资成本。

2.有线传输技术特点分析

有线传输技术将传输信号进行光电转换，并传至终端设备。随着科技的进步，有线传输技术也有了很大的进步，从电话线传输慢慢过渡到同轴电缆传输，不仅提高了传输信号的速度，也提高了传输信号的稳定性。有线传输技术主要有光纤传输、架空明线技术传输、对称电缆技术传输和同轴电缆技术传输。现在有线传输技术中最普及的是光纤传输。

（1）光纤传输技术的特点

频带宽光纤传输结构中包含32个话路系统，上传部分16个，主要负责发送；下载部分16个，主要负责接收。因此，能够传送大量的信息，并且保证通信信号的畅通。具有抗干扰能力强、传输距离远的优点。光纤不传导电，它是电的绝缘体，在传输信号的过程中可以避免电磁信号的干扰。在传输过程中，无论遇到多么复杂的强电，传输速度都不会改变。因其不导电，所以也可以避免出现雷击现象。不同的光纤使用的光纤波长是不一样的，在传输的过程中损耗程度也是不一样的，相关数据表明，波长越长，损耗越低，实际应用过程中1.55μm的光纤波长较多，其损耗值大约为0.2db/km，传输过程中的损耗低，所以传输的距离比较远。数据准确、保真能力高。光纤的原材料主要为石英。这种材料比较多，容易获得，并且在传输信号的过程中很少出现失真的现象，具有较高的安全性能与传输质量，所以光纤传输非常稳定可靠。

（2）光纤传输系统存在的问题及对策

一是误码及漂移性能问题。光纤传输误码是指数字码流的比特出现了差错，降低了通信的质量。误码对数据通信影响相对较大。光纤传输的漂移指数字信号状态的瞬间较长时间地偏移了理想时间。可以通过改善传输系统内部噪声比来降低误码率，选择合适的缓存器容量解决飘逸的问题。二是物理层脆弱。光纤质地脆弱易折断，如果没有很好地保护光纤，在有一些施工过程中就会出现被机器挖断导致的传输中断现象，同时光纤传输容易受到强弱光的攻击以及易被窃听。针对这种现象要研发更好的光纤材料，加强光纤材料的防透光强度，加强对光纤的保护投资，同时政府部门要加大监管力度。

三是逻辑层脆弱。网络管理系统是逻辑层的核心部分。光纤传输具有物理封闭性的特点，光纤传输网的管理信息输出方式主要为嵌入式的控制通道，如果不法分子强行接入网络管理系统对系统信息进行篡改，就会给光纤网络的正常运行带来很大的麻烦，所以一定要对网络管理系统加强管理。四是业务层脆弱。业务层主要对业务数据进行传输。业务层脆弱主要表现在很多涉密业务人员管理意识不强以及管理制度不完善。因此，改善这种情况要通过密码技术进行加密，保证信息安全地进行传输。

3.有线传输技术的发展趋势

通信行业正处于高速发展时期，为适应时代的发展，今后有线传输技术势必朝着宽带化、网络化以及高效化的方向发展，使有线传播技术趋向更加完美的方向。一是宽带化。一直以来，束缚有线传输最大的障碍是传输的距离，尤其是地理条件比较恶劣、难以完成有线传输线缆建造的地区。为满足偏远地区对信息传输的需求，人们也向这个领域投入了大量的科研精力，建造了很多大型的跨地电缆工程，以实现远距离的传输。同时，光纤技术的普及利用不仅降低了光功率的损失，也增加了传输过程中信号的稳定性。二是网络化。随着网络技术的快速发展，人们对信息传输的要求也越来越高，有更多的科研工作者学习并掌握了有线传输技术，努力让有线传播技术实现新的突破。同时有线传输在通信行业中具有无可替代的地位，传统的单目标指向性模式已经无法满足用户对传输信号的需求，因此，新时代的信息传输方式要逐渐向网络化、智能化的方向发展。同时，科研人员需要不断开发新的应用软件，研发高水平的新兴传输技术，以实现有线传输向高端的智能化方向前进，为大家提供高质量、更可靠的服务。三是高效化。社会科技的迅猛发展加快了经济一体化的进程，人们对信息传输的要求也越来越高，更多技术人员学习并掌握了有线传输技术，光纤传输的广泛使用也让有线传输方式实现对自身的突破，其高质量、高速率的传输特点满足了现代工业建设的要求。随着技术软件的日益进步，传输材料的不断更新，有线传输也将实现高效化，成为不可取代的传输方式。我国正处于信息技术发展的高速时期，有线传输技术越来越受到重视。通过上面的论述可以看出，今后有线传输技术的传输距离更远、传输速率更高、传输效果更稳定。只要有线传输技术根据自身的特点和发展优势，明确发展方向，不断更新技术，最终一定会得到持久稳定的发展，给人民生活带来更大的便利。

4.轮机辅助设备运行数据的特性

轮机辅助设备的运行数据是船舶运营中不可或缺的信息源，这些数据的特点直接影响了数据传输方式的选择。从数据量上来看，轮机辅助设备产生的数据相当庞大。这包括但不限于温度、压力、转速、流量等各类传感器数据，每一个传感器都会以一定的频率不断更新数据，因此在短时间内就能积累大量的信息。这种大规模的数据量要求传输系统具备足够的带宽和稳定性，以确保数据的完整传输。这些数据对实时性有着极高的要求。轮机辅助设备的运行状态直接关系船舶的安全和效率，因此必须能够实时监控并及时反馈设备的各项参数。任何延迟都可能导致对设备状态的误判，进而影响航行安全。有线传输方式因其稳定的传输速度和低延迟特性，成为满足这种实时性需求的理想选择。同时，轮机辅助设备运行数据的类型多样，既有模拟信号也有数字信号，既有连续的数据流也有间断的事件触发数据。这就要求传输系统不仅能够处理各种类型的数据，还能够在不同类型数据之间灵活切换，确保每一种数据都能得到准确及时的传输。因此，有线传输技术的成熟和稳定性使其成为处理这种复杂数据类型的可靠方式。轮机辅助设备运行数据的大数据量、高实时性要求和数据类型多样性等特点，使得有线传输方式成为首选。其稳定的传输性能、高带宽和低延迟特性能够确保数据的完整、准确和及时传输，从而保障船舶的安全高效运行。

5.有线传输技术在轮机辅助设备中的应用实例

有线传输技术在轮机辅助设备中的应用实例不胜枚举，以下便是一个典型案例：在某大型货轮上，轮机辅助设备的运行数据通过有线传输系统实时传输到船舶的控制中心。这个系统由一系列传感器、数据采集器和高速数据线缆组成，构成了一个庞大的数据传输网络。在这个网络中，各种传感器如温度传感器、压力传感器、流量传感器等，被安装在轮机辅助设备的关键部位，实时监测设备的运行状态。这些传感器产生的数据通过数据采集器进行初步处理，然后通过高速数据线缆传输到控制中心。在控制中心，这些数据被进一步分析处理，用于评估轮机辅助设备的健康状况、预测可能的故障点，并及时发出警报或进行自动调整。例如，当某个部位的温度异常升高时，系统就会立即发出警报，提示船员进行检查和维修，从而防止设备损坏和安全事故的发生。这个有线传输系统的应用不仅提高了船舶运营的安全性和效率，还降低了维护成本。船员可以通过实时监控数据及时发现并解决问题，减少了意外停机时间和维修费用。这些数据还可以用于设备的预防性维护计划，延长设备的使用寿命。总的来说，这个应用实例充分展示了有线传输技术在轮机辅助设备运行数据传输中的重要作用。通过构建一个稳定、高效的数据传输网络，有线传输技术为船舶的安全高效运营提供了有力保障。

（二）轮机辅助设备运行数据无线传输

在全球化日益加速的当下，文化的交流与融合成为一个不可忽视的现象。本书旨在探讨全球化对文化多样性的影响，特别关注不同文化如何在全球化的大背景下相互交融与碰撞。为此，下面直接引用一些专家学者的观点，以便更全面地展示这一复杂议题的多个层面。这些引用未经修改，以保持其原始观点和论述的完整性，从而帮助读者更深入地理解全球化与文化多样性之间的微妙关系。

传统的电力传输需要借助导线，在应用的过程中存在导体裸露、碳积累等问题，影响了使用体验。无线电传输是一种现代化技术，无须导线就可以实现传输，在很大程度上促进了微波通信以及卫星通信等技术的发展，不仅可以实现灵活组网，在传输带宽方面也极具优势。无线电传输技术在工业生产、气象预报以及医疗等领域有着重要应用，给相关行业的发展带来了积极影响。特别是在互联网繁荣发展的背景下，无线通信逐渐被重视起来。无线电传输技术为无线电通信提供了支持，因此相关人员应该注重对无线电传输技术发展应用的探究，满足人们的通信需要。

1.无线电传输技术发展现状

（1）无线电传输技术概述

无线电传输技术指的是在不接触的情况下实现电能的传输。无线电传输的工作原理为利用发射器将电能进行转化，让电能成为一种中继能量，如微波、电磁场等，然后进行无接触式的传输，中继能量被接收器接收后再将其转化为电能。当今时代，无线电传输技术实现了进一步发展，种类逐渐增多。这在很大程度上促进了传统无线电传输技术的优化，显著提高了无线电传输技术的质量和速度，促使人们的生活质量得到了提高。

（2）无线传输技术的优缺点

优点：无线传输一般通过发射信号进行信息传播，比如利用信号塔发射，这样信号覆盖的面积比较广，无论人们走到哪里都可以打开手机或电脑接收信息，给人们的工作和生活带来了很大的方便。

缺点：发射的过程会受到外界电磁环境的影响，干扰传播信号。导致传播的信息不稳定、不准确，而且发射信号的过程中会产生大量的辐射，对人体造成一定的危害。

（3）无线电传输技术类型

其一，蓝牙技术（Bluetooth）。蓝牙无线电传输技术应用较早，在1998年推出，至今已有多年的发展历史。蓝牙技术在笔记本电脑以及智能移动设备上具有广泛应用，可以实现信息传输。蓝牙技术实现传输的原理并不复杂，只需要两个及以上的设备将自身的蓝牙功能开启即可，各个设备进行蓝牙配对后就可以进行信息传输。蓝牙技术操作简单，不需要辅助设备。但是需要注意的是，这种技术只能进行短距离传输。如果相关设备之间的距离超过了规定的范围，将无法使用蓝牙技术进行传输。综合来看，蓝牙技术传输形式是点对点，具有较高的传输效率，速度能够达到1Mbps。其二，ZigBee技术。该传输技术具有短距离、低功耗的特征。与蓝牙技术相比，该技术是一种相对较新的无线电传输技术。在传统的无线电传输中，相关系统的网络层与应用层具有一定的问题。ZigBee技术的应用能够在一定程度上改善这种情况，有效优化传统无线电在传输中的系统问题。这种无线电传输技术的主要优势在于具有较强的稳定性和安全性。除此之外，该技术可以在短时间内实现大量信息的传输，也可以传输视频等文件。其三，Wi-Fi技术。该无线电传输技术是当今时代应用最为广泛的一种传输技术。Wi-Fi技术具有可操作性强、应用简单等特征。利用该技术进行信息传输，使用者只要连接相关的无线局域网，就可以连接到相应网络，从而实现通信。但是Wi-Fi技术也具有一定的弊端，其安全性较低。使用者连接无线局域网时，通信安全难以得到保证。自Wi-Fi技术被广泛应用以来，在一定程度上推进了无线电传输技术的免费化，使得相关网络使用者能够在相应领域免费使用该技术进行信息传输。其四，WiMax技术。该技术指的是全球微波互联接入，是一种具有广泛传播范围、较快传播速度的无线电传输方式。该技术在发达国家应用较多，将其应用到无线电传输系统中，具有良好效果。但是我国在该技术的发展应用上起步较晚，还存在较大的发展空间，目前该技术还没有在我国各行各业实现大量的应用和推广。

2.无线电传输技术应用优势

近些年来，无线电传输技术的应用逐渐得到了重视，我国学者在这方面开始进行深入研究。无线电传输技术在社会中各个领域，如医疗、航空、深水以及通信等领域的应用具有良好效果。将无线电传输技术融入电池、通信等之中，能够在很大程度上降低运行成本，可以提高相关技术的灵活性。以无线电通信技术为例，该技术的应用促进了无线通信的现代化发展，使得人们在应用无线通信的过程中，限制越来越少，安全性也逐渐提高。相比有线传输，无线电传输方式的优势十分明显。它不仅可以减小相关设备的体积，在传输效果上也显著增强。无线电传输在抗风、抗水等方面也具有一定作用，具有较强的抗干扰性能。

3.无线电传输技术发展应用探索以及展望

（1）无线电传输技术的应用领域

无线电在进行传输时，会转化成不同的中继能量，基于此可以将无线电传输技术分成电磁感应、电磁共振以及微波三种形式。对于电磁感应技术而言，适用于在距离短、功率低的条件下传输。对于电磁共振技术而言，适用于在距离适度、功率中等条件下传输。对于微波技术而言，适用于在远距离、高功率等条件下传输。随着社会的不断发展，便携式电器以及设备等受到了人们的欢迎。利用有线技术进行传输，导线容易被磨损，同时也存在一定的安全性问题。尤其是对于一些山中基站等特殊领域，有线传输成本高、危害大。这就在一定程度上促进了无线电传输的发展，在多领域都有良好应用。其一，在医疗领域的应用。无线电传输技术在医疗领域的植入式电子系统中有着重要应用，在一定程度上改变了相关系统的供电方式。以医院的心脏起搏器为例，主要通过电池进行供电，充电方式有两种，分别是感应耦合无线电传输（ICPT）与电磁耦合无线电传输（RFPT）。针对电子系统的充电，采用RFPT技术的较多。在技术不断进步发展的背景下，医疗中的植入式电子系统越发复杂，这就在一定程度上加大了系统的功耗。如果仅仅是短期植入，那么系统的电池是可以满足需要的，胶囊窥镜就不存在电池问题。但是如果需要长期植入，那么系统的电量就难以满足使用需要，必须进行供电，此时无线电传输技术就发挥了重要的作用。其二，在航空领域的应用。航空领域中需要应用到空间太阳能发电以及相应的卫星技术。在MPT技术不断发展的背景下，太阳能电站在卫星与地面之间进行数据传输的过程中，主要是利用微波进行传输，可以显著提高传输速率。微波是无线电传输技术的一种，目前有广泛的应用，同时促进了航空领域发展。其三，在水下领域的应用。对于水下领域而言，高频功率传输会在很大程度上增加传输损耗。在工作频率不断提升之下，海水的导电面积就会显著缩减。在传统方式下，电能通过电缆进行传输，此时海水具有导体的作用，使损耗不断提高。基于此，在水下的电能传输中可以通过增加耦合的方式进行无线电传输，以此来降低海水带来的损耗。其四，在通信领域的应用。随着时代的不断发展，无线电技术在无线通信上实现了广泛应用。目前无线电通信已经成为互联网时代人们进行信息传输的重要方式，可以说无线电通信技术具有极为广阔的发展空间。相较西方国家，无线电通信技术在我国的研究时间并不长，当前正处于黄金发展时期。进行无线电传输在通信领域的应用探索时，可以对国外的研究进行借鉴，以此为基础展开以下几种研究。

一是数字通信技术。数字通信技术属于无线短波传输，在很大程度上提高了信息传输的稳定性。在该技术下无线电传输的可靠性得到了显著提高，这就使得其几乎不会受到其他信号的干扰，可以在一定程度上提高相关数据信息传输的安全性。将数字通信技术融入无线电传输中，对于资源的利用率以及传输效率有着积极影响，可以快速地将发送者的信息传输给接收人员。二是无线短波调频技术。将短波调频技术应用到无线电传输中，在提高传输安全性上具有重要作用。与此同时，对于相关系统抗感染能力的增强也有显著的效果。对于无线电波调频技术而言，最大的优势是可以进行干扰的排斥，简单来说就是抗干扰能力较强。当今时代，我国已经有越来越多的学者开始进行无线短波调频技术的研究。在学者的研究下，该技术的研究深度和广度均在不断提升，这在很大程度上促进了无线电传输技术的发展，为信息的安全传输提供了支持。三是无线电传输技术宽带化。无线电传输技术在通信中有着重要应用，应该注重该技术使用范围的扩大。基于此，相关人员可以进行无线电传输技术的宽带化发展。当今时代，互联网技术实现繁荣发展，宽带网络已经被广泛地应用于社会中的各个领域。将无线电传输技术融入带宽中，可以在很大程度上提高信息传输容量，也能够保证信息传输的稳定性与安全性。在这些技术的发展应用下，网络用户能够得到高质量的服务。四是基于5G技术发展Wi-Fi技术。目前，5G技术十分热门。5G技术速率、功耗、延时等方面均具有重要优势，在社会很多行业中都实现了有效应用。但是从价格上来看，5G技术应用成本较高。基于此，想要降低成本，可以将5G技术和Wi-Fi技术进行结合。通过这种方式，既可以实现通信费用的降低，也能够让相关行业享受到无线电传输的优势。需要注意的是，在探索无线电传输技术应用时，应该结合实际进行相关管理规范的制定，进而实现制度化管理，促进无线电通信技术的稳定运用。

(2)无线电传输技术应用展望

无线电通信技术在未来发展中，将在数字通信领域有更好的发展。将该技术应用到通信领域，可以实现对频谱资源的调配，也能够提高通信的稳定性和安全性。将无线电传输技术融入宽带发展中，是其未来发展趋势。因此，相关研究人员应该注重对无线电传输技术在通信领域应用的研究。在不断地优化下，无线电通信的抗干扰性等性能会显著提高。发展无线电传输技术，应该进行现代化网络的配备。从目前我国的互联网发展上来看，宽带已经走进了千家万户，在社会各行各业中有着重要应用。随着人们生活水平的提高，人们对宽带的质量有了越来越高的要求。基于此，应该强化宽带建设，结合无线电传输技术，推出层次更高、质量更高的宽带。在大力发展通信的过程中，相关研究人员还应该注重信息化的落实以及相关配套技术的研究。加强信息化建设，有效避免堵塞信号的突然发生，从而提高信息的传播速度。除此之外，相关人员还应该重视无线电监督设备的配备，根据相关制度要求，进行监督设备的调控，以此来保证无线电技术能够得到有效运用，促进无线电通信的有序发展，同时也能够降低通信成本。

4.轮机辅助设备运行数据的特性及传输需求

轮机辅助设备产生的数据类型多样，主要包括温度、压力、振动等实时监测数据。这些数据对于船舶的安全运行至关重要。温度数据可以反映设备的运行状态，压力数据能够揭示系统的稳定性和流体的流动状态，而振动数据则可以用来检测设备的机械性能和预测潜在的故障。这些数据对于船舶运行的重要性不言而喻。首先，实时监测数据能够帮助船员及时发现问题，预防潜在的机械故障，从而确保船舶的安全运行。例如，如果轮机某部分的温度异常升高，这可能意味着存在过度磨损或润滑不良的问题，及时检测并处理可以避免更大的损坏。其次，这些数据有助于提高船舶的运行效率。通过对压力、温度等数据的持续监控，可以对轮机的工作状态进行优化，进而降低能耗，提高航行的经济性。因此，采用无线传输方式的必要性主要体现在以下几个方面：一是灵活性，无线传输不受布线限制，可以方便地部署在船舶的各个角落，实现对轮机辅助设备的全面监控；二是可扩展性，随着技术的发展和船舶运行需求的增加，可以方便地增加新的监测点，而无须对现有布线进行大的改动；三是降低成本，无线传输可以减少电缆和布线设备的投入，从而降低整个监测系统的成本。

5.无线传输技术在轮机辅助设备运行数据中的应用

无线传输技术在轮机辅助设备运行数据的传输中发挥着重要作用。通过无线传感器网络，可以实时、准确地收集并传输轮机各个部位的温度、压力和振动数据。这些数据通过无线节点发送到中央处理系统，进行实时分析和处理。无线传输技术相比有线传输在轮机设备监测中具有显著优势。首先是灵活性，无线传感器可以部署在船舶的各个关键部位，不受布线限制，因此能够更全面地监控轮机的运行状态。其次是减少了布线的复杂度。在船舶这样空间有限且结构复杂的环境中，布线工作既烦琐又容易出错。而无线传输技术则完全避免了这一问题，使数据采集和传输变得更加简单高效。此外，无线传输技术还具有较低的维护成本和易于扩展的特点。一旦部署完成，无线传感器网络几乎不需要额外的维护，而且随着技术的发展和船舶运行需求的增加，可以方便地增加新的监测点，提高监控系统的覆盖范围和精度。这些优势使得无线传输技术在轮机辅助设备运行数据的监测中具有广阔的应用前景。

（三）轮机辅助设备运行数据新型传输技术

1.物联网（IoT）在轮机数据传输中的应用

物联网（IoT）技术的兴起为轮机辅助设备运行数据的传输带来了革命性的变化。IoT技术通过连接各种智能设备，实现了设备间的互联互通和数据共享，极大地提高了数据传输的效率和智能化水平。在轮机数据传输中，IoT技术的应用主要体现在以下几个方面：通过安装传感器在轮机辅助设备上，可以实时收集设备的运行状态数据，如温度、压力、振动等，并将这些数据通过IoT网络传输到中央控制系统。这样，船员或管理人员可以随时随地通过手机、平板或电脑查看设备的实时数据，及时发现并处理潜在问题。IoT技术还可以实现轮机设备的远程控制。通过IoT网络，可以远程对轮机设备进行调试、监控和维护，大大提高了工作效率和响应速度。例如，在船舶航行过程中，如果发现某台设备出现异常，船员可以通过IoT系统远程关闭或调整该设备，避免故障范围扩大。IoT技术还可以对轮机辅助设备进行预测性维护。通过对设备运行数据的持续收集和分析，可以预测设备的维护需求和寿命，从而制订合理的维护计划，降低维护成本，延长设备使用寿命。物联网技术在轮机数据传输中的应用，不仅提高了数据传输的效率和准确性，还实现了设备的远程监控和预测性维护，为船舶的安全、高效运行提供了有力保障。

2.近距离无线通信技术（如NFC、RFID等）在轮机数据传输中的应用

近距离无线通信技术，如NFC（近场通信）和RFID（无线射频识别），在轮机数据传输中也发挥着重要作用。NFC技术主要用于短距离内的数据传输和交互。在轮机辅助设备上安装NFC标签，船员可以通过支持NFC功能的手机或设备，轻松读取设备的运行状态、维护记录等信息。这种技术不仅方便了数据的获取，还提高了工作效率。同时，NFC可以用于身份验证和访问控制，确保只有授权人员才能访问敏感数据，增强了数据的安全性。RFID技术则通过无线电波识别特定目标并读取相关数据。在轮机数据传输中，RFID标签可以附着在设备或零件上，用于追踪和管理这些资产。通过RFID读写器，可以快速准确地识别设备并获取其相关信息，如生产日期、维护历史等。这不仅有助于设备的库存管理，还可以提高设备的维护效率和准确性。总的来说，近距离无线通信技术为轮机数据传输提供了便捷、高效和安全的解决方案。通过这些技术，船员可以更方便地获取和管理轮机辅助设备的运行数据，从而确保船舶的安全和高效运行。

二、轮机辅助设备运行通信协议

（一）轮机辅助设备运行数据串行通信协议

1.RS-232/422/485等标准介绍

在轮机辅助设备运行数据的传输过程中，串行通信协议发挥着至关重要的作用。其中，RS-232、RS-422和RS-485是三种广泛使用的串行通信标准，它们各具特点，适用于不同的应用场景。RS-232是一种非常经典的串行通信协议，也被称为标准串口。它定义了数据终端设备与数据通信设备之间的物理接口和信号标准。RS-232具有简单的接口设计和较低的成本，因此在早期被广泛用于各种设备之间的通信，包括轮机辅助设备的数据传输。然而，它也有一些局限性，如传输距离较短、传输速率有限，并且容易受到外界干扰。相比之下，RS-422提供了更长的传输距离和更高的传输速率。它采用差分信号传输方式，即使用两根信号线来传输一个信号，一根为正极性，一根为负极性。这种方式可以有效抵抗外界电磁干扰，确保信号在较长距离内传输时仍能保持稳定性。因此，RS-422在需要长距离、高速率数据传输的场景中具有明显优势。而RS-485则是在RS-422的基础上进一步发展而来。

它不仅保留了RS-422的差分信号传输方式，还增加了多分支结构和更高的传输速率。这意味着RS-485总线可以挂接多个设备，实现多分支的数据传输，非常适合在船舶等复杂环境中使用。此外，RS-485还具有低成本、长距离、高速率和多分支等优点，因此在轮机辅助设备运行数据的传输中得到了广泛应用。

2.串行通信在轮机数据传输中的应用案例

在轮机数据传输中，串行通信协议的应用案例不胜枚举。以一艘大型货轮为例，其轮机辅助设备众多，包括发动机、冷却系统、润滑系统、燃油系统等。这些设备产生的运行数据对于船舶的安全运行至关重要。为了满足数据传输的需求，工程师们选择了RS-485串行通信协议。他们通过在船舶内部铺设RS-485总线，将各个轮机辅助设备连接起来。这样，设备产生的实时数据就可以通过RS-485总线传输到中央控制系统。中央控制系统接收到数据后，会进行实时分析和处理。一旦发现异常数据，系统会立即发出警报，通知船员及时处理。这种基于串行通信的数据传输方式，不仅提高了数据传输的效率和准确性，还极大地增强了船舶运行的安全性和可靠性。此外，串行通信还在轮机设备的远程监控和维护中发挥着重要作用。通过远程通信模块，船员可以实时查看轮机设备的运行状态和数据，及时发现并解决问题。这种远程监控和维护方式不仅提高了工作效率，还降低了维护成本。总的来说，串行通信在轮机数据传输中扮演着举足轻重的角色。通过选择合适的串行通信协议（如RS-485），可以确保轮机辅助设备运行数据的准确、高效传输，为船舶的安全运行提供有力保障。

（二）轮机辅助设备运行数据网络通信协议

1.TCP/IP协议栈简介

TCP/IP协议栈，即传输控制协议/因特网协议栈，是现代互联网通信的基石。它提供了一套标准化的网络通信规则，使不同厂商、不同操作系统的设备能够互相通信。TCP/IP协议栈实际上是一个由多个协议组成的四层结构，包括网络接口层、网络层、传输层和应用层。网络接口层负责与物理网络进行交互，处理数据包的发送和接收。网络层则负责数据包的路由选择，其中最核心的协议是因特网协议（IP），它为每个数据包提供唯一的地址，并确保数据包能够从一个网络节点传输到另一个网络节点。传输层则提供了端到端的通信服务，确保数据的可靠传输。其中，传输控制协议（TCP）是一

☞轮机辅助设备运行数据收集及传输

种面向连接的、可靠的、基于字节流的传输层通信协议。TCP通过序列号、确认和重传机制来保证数据的可靠传输，适用于需要可靠数据传输的应用场景。应用层则提供了各种网络服务，如文件传输、电子邮件、万维网浏览等。常见的应用层协议有HTTP、FTP、SMTP等。在轮机辅助设备运行数据的传输中，TCP/IP协议栈的应用至关重要。它确保了设备数据的准确传输，使轮机运行状态能够被实时监控，为船舶的安全运行提供了有力支持。

2.以太网在船舶轮机数据传输中的应用

以太网技术作为一种广泛使用的局域网技术，在船舶轮机数据传输中发挥着重要作用。以太网以其高速率、大容量和灵活性的优势，成为船舶内部数据传输的首选方案。在船舶中，轮机辅助设备产生的运行数据需要通过网络实时传输到监控系统或数据中心，而以太网提供了一个高效的数据传输平台，能够确保数据的实时性和准确性。通过以太网，船员可以方便地访问轮机设备的运行状态、故障报警等信息，从而做出及时的响应和处理。此外，以太网还支持多种网络设备和系统的互联互通，便于实现船舶内部的信息化和智能化管理。例如，通过以太网连接轮机控制系统、船舶管理系统和船员个人设备等，可以实现数据的共享和交换，提高工作效率和决策的准确性。总的来说，以太网在船舶轮机数据传输中的应用为船舶的安全运行和智能化管理提供了有力支持。随着技术的不断发展，以太网将在船舶领域发挥更加重要的作用，推动船舶行业的数字化转型和升级。

（三）轮机辅助设备运行数据工业通信协议

1.现场总线技术（如CAN总线、Profibus等）

现场总线技术是一种在工业控制系统中广泛应用的通信协议，它允许各种智能设备（如传感器、执行器、控制器等）通过一根公共的通信线路进行数据传输和信息交换。在轮机辅助设备运行数据中，现场总线技术发挥着至关重要的作用。

CAN总线（Controller Area Network）是一种有效支持分布式控制或实时控制的串行通信网络，具有高性能和高可靠性。在轮机系统中，CAN总线常被用于连接各个辅助设备，实现设备间的数据共享和协同工作。其通信速率高，抗干扰能力强，能够满足轮机系统对实时性和可靠性的高要求。通过CAN总线，可以实时采集和传输轮机辅助设备的运行状态、故障报警等信息，为船舶的安全运行提供有力保障。Profibus则是另一种广泛使用的现场总线技术，它具有高速、低成本和灵活配置等特点。在轮机系统中，Profibus可以实现设备间的快速数据交换，支持多种数据类型和通信方式，非常适合用于复杂的工业控制系统。通过Profibus，可以将轮机辅助设备与中央控制系统紧密相连，实现对设备的精确控制和管理。现场总线技术的应用不仅提高了轮机系统的数据传输效率和可靠性，还降低了系统的复杂性和维护成本。它使得轮机辅助设备的运行数据能够及时、准确地传输到中央控制系统，为船员提供了全面的设备状态信息和故障报警提示，从而确保了船舶的安全、高效运行。

2.工业以太网协议（如EtherNet/IP、Profinet等）

工业以太网协议是基于以太网技术开发的，专门用于工业控制领域的网络通信协议。在轮机辅助设备运行数据的传输中，工业以太网协议以其高速率、大容量和灵活性的优势，正逐渐成为主流通信方式。EtherNet/IP（Ethernet Industrial Protocol）是一种基于以太网的工业网络通信协议，它结合了以太网的开放性和工业控制的需求，提供了实时、高效的数据传输服务。在轮机系统中，EtherNet/IP可以实现设备间的快速数据交换和信息共享，支持多种数据类型和通信模式，非常适合用于复杂的轮机控制系统。Profinet则是由西门子等公司联合开发的一种工业以太网协议，它基于以太网技术，提供了高性能、高可靠性的数据传输服务。在轮机系统中，Profinet可以实现设备间的无缝连接和高效通信，支持实时数据传输和远程控制功能，非常适合用于轮机辅助设备的监控和管理。工业以太网协议的应用不仅提高了轮机系统的数据传输速度和准确性，还增强了系统的灵活性和可扩展性。它使轮机辅助设备的运行数据能够实时、准确地传输到中央控制系统，为船舶的安全运行和智能化管理提供了有力支持。同时，工业以太网协议还支持多种设备和系统的互联互通，便于实现船舶内部的信息化和智能化管理。

三、轮机辅助设备运行选择适当的数据传输方式与通信协议

（一）根据船舶的具体需求和条件选择合适的数据传输方式

在船舶轮机辅助设备运行数据的传输中，选择合适的数据传输方式至关重要。这一选择应基于船舶的具体需求和实际条件，包括船舶的大小、航线特点、设备分布以及数据传输量等因素。对于小型船舶或近距离航行的船

舶，可能更倾向于选择有线传输方式，如使用电缆直接连接各个设备与系统。这种方式成本较低，维护相对简单，且能够满足实时数据传输的需求。然而，在大型船舶或需要长距离数据传输的场景中，有线传输可能受限于电缆的长度和布局难度，此时无线传输方式就显得更为合适。无线传输方式，如Wi-Fi、ZigBee等无线通信技术，具有布局灵活、扩展性强的特点。它们能够有效解决有线传输在布线难度和成本上的问题，特别适用于船舶内部设备分布广泛、移动性强的场景。此外，对于一些需要频繁进行设备检查和维护的区域，无线传输方式也能提供更大的便利性。在选择数据传输方式时，还需考虑船舶的电源和能源情况。例如，如果船舶在海上航行时间长，能源供应有限，那么低功耗的无线传输方式可能更为合适。综上所述，选择合适的数据传输方式需要综合考虑船舶的实际需求和条件，包括船舶规模、航线、设备分布、数据传输量以及能源供应等因素。通过科学评估和比较不同传输方式的优缺点，可以为船舶轮机辅助设备运行数据的高效、稳定传输提供有力保障。

（二）根据数据传输的实时性、可靠性和安全性要求选择合适的通信协议

在轮机辅助设备运行数据的传输过程中，通信协议的选择直接关系数据传输的实时性、可靠性和安全性。因此，在选择通信协议时，必须充分考虑这些因素，以确保数据传输的质量和效率。对于实时性要求较高的场景，如轮机设备的状态监测和控制系统，需要选择能够提供低延迟和高吞吐量的通信协议。例如，EtherNet/IP或Profinet等工业以太网协议，它们能够提供高速、稳定的数据传输服务，确保数据的实时更新和准确反馈。在可靠性方面，应选择那些具有错误检测和纠正机制的通信协议。例如，CAN总线和Profibus等现场总线技术，它们通过差分信号传输、冗余设计等手段提高数据传输的抗干扰能力和稳定性，从而确保数据在传输过程中不会丢失或损坏。至于安全性，通信协议应具备数据加密和身份验证等安全功能，以防止数据泄漏或被篡改。一些高级的工业通信协议，如EtherNet/IP的安全版本，就提供了这样的功能，能够确保数据的机密性和完整性。综上所述，在选择通信协议时，应根据数据传输的实时性、可靠性和安全性要求进行综合考虑。通过评估不同通信协议在这些方面的性能表现，选择最适合船舶轮机辅助设备运行数据传输需求的通信协议，以确保数据传输的高效、稳定和安全。

第6章 轮机辅助设备运行数据传输与通信技术

在海上环境中的数据传输挑战与解决方案

在浩瀚的海洋上,轮机辅助设备的运行数据传输面临诸多特殊的挑战。海上环境的复杂性和多变性不仅影响了数据传输的稳定性和效率,还对通信设备的耐久性和可靠性提出了更高的要求。从狂风巨浪造成的物理冲击,到海水腐蚀对设备的长期影响,再到电磁干扰对信号传输的潜在威胁,每一个环节都可能成为数据传输的障碍。然而这些挑战推动了海上数据传输技术的不断创新与发展。为了确保轮机辅助设备的运行数据能够在恶劣的海上环境中稳定、高效地传输,科研人员和工程师们不断探索新的解决方案。他们不仅致力于提升通信设备的抗干扰能力和耐久性,还在传输协议和数据处理技术上进行了大量的优化。本节将深入探讨在海上环境中进行轮机辅助设备运行数据传输所面临的种种挑战,并详细分析当前已经实施或正在研究的解决方案。我们将从物理层面的设备防护、信号增强技术,到通信协议的选择与优化,再到数据压缩与加密等多个方面,全面剖析如何确保海上数据传输的安全性、稳定性和效率。通过本节的学习,读者将能更深入地理解海上数据传输的复杂性,以及为应对这些挑战所采取的技术措施。

一、在海上环境中的数据传输面临的具体挑战

(一)自然环境因素的影响

海上自然环境因素对数据传输构成了巨大的挑战。海洋环境的变幻莫测,狂风巨浪、极端气候等自然条件经常对通信设备造成严重的物理冲击。这种冲击可能导致设备松动、损坏,进而影响数据传输的稳定性。例如,在台风来临时,强烈的风和雨可能导致天线移位或通信设备进水,从而造成通信中断或数据失真。此外,海水的腐蚀性和高盐分环境也对数据传输设备造成了不小的威胁。长时间暴露在潮湿、高盐的环境中,设备的金属部分容易生锈,电子元件可能因受潮而失效,这些都会影响数据传输的质量和稳定性。因此,在海上环境中进行数据传输,必须考虑设备的防水、防腐蚀等性

能，以确保设备在恶劣的自然环境中能够正常工作。

（二）电磁干扰的问题

海上环境中，电磁干扰是另一个不容忽视的问题。船舶自身携带的电气设备和各种无线通信设备都可能产生电磁干扰。同时，附近的其他船舶、海上设施以及雷暴天气也可能产生强烈的电磁场，对数据传输造成干扰。电磁干扰会导致数据传输错误、信号失真甚至通信中断。特别是在数据传输速率较高、数据量较大的情况下，电磁干扰的影响更为显著。因此，在海上数据传输中，必须采取有效的抗干扰措施，如使用屏蔽线缆、优化设备布局、选择合适的通信频率等，以降低电磁干扰对数据传输的影响。

（三）信号衰减的挑战

在海上进行数据传输时，信号衰减是一个普遍存在的问题。由于海水和空气的密度、折射率等物理性质的差异，电磁波在传播过程中会逐渐衰减。特别是在远距离传输时，信号衰减更为严重，可能导致接收端无法准确接收到数据。信号衰减不仅影响数据传输的距离，还可能导致数据传输速率下降、误码率增加等问题。为了解决信号衰减带来的挑战，可以采取多种技术手段，如使用中继站进行信号放大和转发、选择合适的通信协议和调制方式以提高信号的抗干扰能力和传输效率等。

（四）带宽限制与高速数据传输需求

在海上数据传输过程中，带宽限制是一个不容忽视的问题。由于海上环境的特殊性，通信基础设施相对薄弱，通信资源也相对有限。因此，在实际的数据传输过程中，带宽往往成为制约因素，限制了数据传输的速度和规模。然而，随着船舶运营的复杂性和数据需求的不断增加，对高速数据传输的需求也日益迫切。船舶需要实时传输大量的数据，包括高清视频监控数据、传感器数据等，以便进行远程监控、故障诊断等操作。这种需求与有限的带宽资源之间形成了明显的矛盾。为了解决这个问题，可以采取多种措施。首先，可以优化数据传输的方式，比如采用数据压缩技术，减少传输数据的大小，从而节省带宽资源。其次，可以利用先进的通信技术，如卫星通信、4G/5G移动通信等，提高数据传输的速度和效率。此外，还可以考虑建设更完善的海上通信基础设施，增加带宽资源，从根本上解决带宽限制的问题。

（五）通信设备的供电与能耗问题

海上通信设备的供电与能耗问题也是数据传输过程中需要关注的重要方面。船舶在海上长时间航行，通信设备的稳定供电至关重要。然而，由于船舶电力系统的复杂性和不确定性，电力供应可能会受到多种因素的影响，如天气条件、航行状态等。同时，通信设备在运行过程中会消耗大量的能源，特别是在进行高速数据传输时，能耗问题更加突出。为了解决这个问题，可以从多个方面入手。首先，可以优化通信设备的能源利用效率，选择能效高的设备和技术。其次，可以采用可再生能源供电系统，如太阳能、风能等，为通信设备提供可持续的能源支持。此外，还可以合理规划数据传输的时间和频率，避免在电力供应紧张时进行大规模数据传输。

（六）数据安全与隐私保护

海上数据传输过程中，数据安全与隐私保护是至关重要的问题。船舶运营过程中产生的数据往往包含敏感信息，如船舶位置、货物信息等。这些信息一旦泄漏或被非法获取，可能对船舶和船员的安全构成严重威胁。为了确保数据安全与隐私保护，需要采取一系列有效的安全措施。首先，可以使用加密技术对传输的数据进行加密处理，确保数据的机密性。其次，通过身份验证机制来验证通信双方的身份合法性，防止非法访问和篡改数据。此外，定期进行安全审计也是必不可少的环节。通过对数据传输过程进行全面的安全检查和评估，可以及时发现潜在的安全隐患并采取相应的补救措施。还需要加强对船员的安全意识教育和培训，增强他们的安全防范意识和应对能力。综上所述，海上数据传输面临的挑战是多方面的且复杂的。为了克服这些挑战并确保数据传输的稳定性和安全性，需要综合考虑各种因素并采取相应的技术和管理措施来应对和解决这些问题。

二、在海上环境中的数据传输解决方案与技术应用

（一）物理防护策略

在海上数据传输中，物理防护策略是确保设备稳定运行的基石。海上环境多变且恶劣，因此必须从多个方面对通信设备进行全面的物理保护。首先，防水性能是至关重要的。由于海上湿度大，设备容易受潮，因此必须选择具有高度防水性能的设备。例如，使用防水材料和密封设计来保护内部的

电子元件，防止水分侵入导致的短路或腐蚀。同时，设备的防尘性能也不可忽视，以防止海上的沙尘或盐分对设备造成损害。其次，考虑到海上的风浪和震动，设备的抗震能力也需得到加强。这可以通过使用抗震支架、减震垫等来实现，以减少震动对设备性能的影响。此外，对于安装在船舶外部的设备，如天线，还需要使用加固的安装支架和防风拉索，以防止强风天气下的设备损坏。除了上述措施，定期的检查和维护同样重要。海上环境对设备的磨损和腐蚀速度可能更快，因此需要定期检查设备的运行状态，及时更换老化的部件，以确保设备始终处于最佳工作状态。

（二）信号增强技术

信号增强技术是解决海上数据传输中信号衰减和电磁干扰问题的关键。在海上，由于距离、天气和其他干扰因素，信号往往会受到严重影响。为了增强信号，首先可以采用高增益的天线。这类天线能够更有效地集中和发射信号，从而提高信号的传输距离和质量。其次，通过优化天线的方向和角度，可以进一步减少信号衰减。利用信号中继站也是一个有效的解决方案。在信号传输的路径上设置中继站，可以放大和转发信号，从而延长信号的传输距离。这种方法特别适用于长距离的海上数据传输。最后，采用先进的信号处理技术，如信号调制、解调技术等，也可以有效提高信号的抗干扰能力和传输效率。

（三）通信协议优化

在海上数据传输中，通信协议的选择和优化对于提高数据的传输效率和可靠性至关重要。面对复杂的海上环境和多变的传输需求，通信协议需要具备高度的灵活性和适应性。首先，应选择那些经过验证的、在海上环境中表现稳定的通信协议。这些协议通常具有强大的抗干扰能力和高效的数据传输机制，能够在复杂的电磁环境中保持数据的稳定传输。其次，针对海上数据传输的特定需求，可以对通信协议进行定制化的优化。例如，在数据包的大小、发送频率以及错误检测和纠正机制等方面进行调整，以适应不同的传输场景。这种优化可以显著提高数据传输的效率和可靠性。此外，随着技术的发展，一些新的通信协议也在不断涌现，它们可能更适合海上数据传输的需求。因此，持续关注并引入这些新技术也是优化通信协议的重要手段。

(四)卫星通信技术

卫星通信技术在海上数据传输中扮演着举足轻重的角色。面对辽阔的海洋，传统的通信方式往往受限于距离和地形，而卫星通信技术则打破了这些限制，为海上数据传输提供了前所未有的便利。卫星通信的最大优势在于其覆盖范围广。通过地球同步卫星或低轨道卫星，可以实现全球范围内的通信覆盖，无论是在近海还是远洋，都能保证稳定的数据传输。这对于航行在广阔海域的船舶来说至关重要，它们可以随时随地与陆地或其他船舶保持联系，确保航行安全。同时，卫星通信技术还具有高速传输的特点。随着技术的进步，卫星通信的带宽不断提高，能够满足海上数据传输对于速度和容量的需求。无论是实时视频监控、大容量文件传输，还是语音通信，卫星通信技术都能提供稳定、高效的服务。在海上紧急救援方面，卫星通信技术也发挥着关键作用。当船舶遭遇危险时，通过卫星通信可以迅速发出求救信号，并实时传输现场情况，为救援行动提供宝贵的信息和最大限度地缩短救援时间。

(五)无人机技术

无人机技术为海上数据传输带来了革命性的变革。无人机由于具有灵活机动、快速反应的特点，使其成为海上数据传输的重要工具。在海上数据传输中，无人机可以搭载通信设备，迅速飞往指定区域进行数据传输。与传统的有线或无线通信方式相比，无人机传输更加灵活高效，不受地形和距离的限制。同时，无人机还可以进行高空监控，实时拍摄和传输海域情况，为海上安全管理提供有力支持。

无人机技术可以与其他通信技术相结合，形成立体的数据传输网络。例如，无人机可以作为中继站，将卫星通信和地面通信连接起来，实现数据的快速转发和传输。这种创新的应用方式不仅提高了数据传输的效率和可靠性，还为海上作业提供了更多的可能性。

(六)射频通信与光纤通信技术

射频通信与光纤通信技术在海上数据传输中各有优势。射频通信主要通过无线电波进行数据传输，适用于海上平台之间的远距离通信。其优点在于传输距离远、设备简单且成本相对较低。在海上石油平台、科研考察船等场景中，射频通信被广泛应用，实现了平台之间的实时数据传输和信息共享。

而光纤通信则以其高带宽、低损耗和高抗干扰性而受到青睐。通过海底光缆的连接，可以实现大容量、高速率的数据传输。光纤通信在海上数据传输中的应用主要集中在近海或相对距离较近的海上平台之间。例如，在海上风电场等场景中，通过光纤通信技术可以实现风机与陆地基站之间的高速数据传输，便于实时监控和数据分析。

（七）网络安全技术

网络安全技术是海上数据传输重要的一环。在数据传输过程中，数据的保密性、完整性和可用性至关重要。为了防止数据泄漏、被篡改或损坏，需要采取一系列网络安全措施。加密技术是保护数据传输安全的重要手段。通过使用先进的加密算法对传输的数据进行加密处理，可以确保即使数据在传输过程中被截获，也难以被破解。这大大提高了数据传输的保密性。身份验证机制也是网络安全技术的重要组成部分。通过验证通信双方的身份合法性，可以防止非法访问和恶意攻击。在海上数据传输中，可以采用数字证书、密钥管理等技术手段来实现身份验证。为了应对可能的网络攻击和故障，还需要建立完善的网络安全监测和应急响应机制。通过对网络流量的实时监测和分析，可以及时发现异常行为并采取相应的防范措施。同时，制定详细的应急预案并定期进行演练，可以确保在发生安全事件时能够迅速响应并恢复数据传输的正常进行状态。

第 7 章

轮机辅助设备运行数据传输故障诊断与预测维护

在现代轮机系统中，辅助设备的稳定运行对于确保整个轮机系统的可靠性和安全性至关重要。随着科技的飞速发展，数据的采集、传输和处理技术日益成熟，这为轮机辅助设备的故障诊断和预测性维护提供了前所未有的可能性。本章将深入探讨轮机辅助设备运行数据的故障诊断方法和预测性维护的应用。轮机辅助设备的故障诊断是预防事故、提高运行效率的关键环节。传统的故障诊断方法往往依赖于操作人员的经验和直觉，但随着大数据和智能分析技术的兴起，我们现在能够基于设备运行数据，采用更为科学、准确的方法来识别和预防潜在故障。这不仅能够显著降低故障发生的概率，还能在故障发生前提供预警，从而减少意外停机时间和维修成本。此外，预测性维护作为一种先进的维护策略，正逐渐在轮机辅助设备中得到广泛应用。通过对设备运行数据的实时监控和分析，可以预测设备何时可能发生故障，并提前进行维护，从而避免突发性故障带来的损失。这种方法不仅提高了设备的运行效率，也延长了设备的使用寿命。本章将分为两节来详细探讨这两个主题。第一节将介绍基于数据的故障诊断方法，阐述如何通过收集和分析轮机辅助设备的运行数据来准确识别故障。第二节则将聚焦于预测性维护在轮机辅助设备中的应用，探讨如何通过数据驱动的预测模型来优化设备的维护计划。通过本章的学习，读者将能更深入地理解轮机辅助设备运行数据在故障诊断和预测性维护中的重要作用，以及如何有效利用这些数据来提高轮机系统的整体性能和可靠性。

轮机辅助设备运行基于数据的故障诊断方法

轮机辅助设备的故障诊断是确保船舶或相关工业设备持续、安全运行的关键环节。传统的故障诊断方法，虽然在一定程度上能够识别和处理问题，但往往受限于人为因素和经验判断。随着数据科学和信息技术的发展，我们现在有能力通过更加精准、科学的方法来监控和诊断设备的健康状态。本节将重点探讨基于数据的故障诊断方法，这是一种利用现代传感器技术、数据采集系统和高级分析算法来实时监控轮机辅助设备运行状态，并通过数据异常来预测和识别故障的新兴技术。这种方法不仅能够提高故障诊断的准确性和效率，还能够在故障发生前提供预警，帮助运维人员及时采取措施，防止故障扩大，确保设备的稳定运行。

一、轮机辅助设备运行基于数据的故障诊断收集与整合

（一）确定关键数据指标与收集方法

1.确定关键数据指标

在轮机辅助设备的故障诊断中，确定关键数据指标是至关重要的一步。这些指标不仅是我们洞察设备运行状态的窗口，更是预防潜在故障、优化设备性能的关键。为了精准地选取这些数据指标，我们需要深入理解轮机辅助设备的工作原理、常见故障及其成因。数据指标的选择应围绕设备的核心功能和性能展开。例如，温度、压力、振动、电流等物理量，这些都能直接反映设备的运行状态。温度过高可能意味着冷却系统存在问题，压力异常可能指示着泄漏或堵塞，而振动和电流的变化则可能与设备的内部磨损或电气故障有关。除了这些直接反映设备状态的物理量，我们还应考虑那些能揭示设备使用情况和环境因素的指标，如运行时间、启动次数、负载情况等。这些数据有助于我们分析设备的工作模式和寿命周期，从而更准确地预测其维护需求。在确定数据指标时，我们还应注重指标的敏感性和特异性。敏感性指的是指标能够及时、准确地反映出设备状态的变化；特异性则要求指标能够

明确指向特定的故障类型或原因，避免故障误报和漏报。综上所述，确定关键数据指标是一个综合性、系统性的过程，需要我们结合设备的实际情况和故障诊断的需求，科学、合理地选择和设定。

2.数据收集方法

在轮机辅助设备故障诊断中，数据收集是至关重要的一环。为了确保收集到的数据准确、全面，我们需要采用科学、高效的数据收集方法。首先，我们应明确数据收集的目的和需求，以便确定所需数据的类型、范围和精度。在此基础上，我们可以选择合适的传感器和监测设备，这些设备能够实时、准确地捕获轮机辅助设备的运行数据。例如，温度传感器可以监测设备的温度变化，压力传感器可以测量设备内部的压力情况，而振动传感器则可以捕捉设备的振动信号。除了传感器数据，我们还应收集操作日志、维护记录等文本数据。这些数据包含设备的使用历史、维护情况和故障记录，对于分析设备的运行状态和预测潜在故障具有重要价值。为了有效地收集这些数据，我们可以建立电子化的数据管理系统，通过自动化的数据录入和检索功能，提高数据收集的效率和准确性。在数据收集过程中，我们还应注重数据的时效性和连续性。这意味着我们需要定期检查和校准传感器设备，确保其始终处于良好的工作状态；同时，我们还应建立数据备份和恢复机制，以防止数据丢失或损坏。通过采用科学、高效的数据收集方法，我们可以为轮机辅助设备的故障诊断提供全面、准确的数据支持，从而及时发现潜在故障、优化设备性能，确保船舶的安全、高效运行。

（二）轮机辅助设备运行基于数据的故障诊断多种数据源的整合策略

1.传感器数据的整合

传感器数据是轮机辅助设备故障诊断中不可或缺的信息源。在轮机辅助设备上，各种传感器如温度传感器、压力传感器、振动传感器等，持续不断地捕捉着设备的运行状态。为了有效地利用这些数据，我们需要一个完善的整合策略。传感器数据的整合首先要解决的是数据格式和标准化的问题。不同传感器可能输出不同格式和单位的数据，因此，我们需要建立一个统一的数据模型，将所有传感器的数据转化为可比较的、标准化的格式。这不仅可以简化数据处理流程，还能确保数据分析的准确性和可靠性。此外，传感器数据的整合还需要考虑数据的同步性和实时性。由于传感器可能以不同的频率进行数据采集，因此在整合过程中需要对数据进行时间同步，以确保不同传感器之间的数据是相对应的。同时，为了满足实时故障诊断的需求，我们需要建立一个高效的数据传输和处理机制，确保传感器数据能够实时地流入分析系统。

2.操作日志的整合

操作日志记录了轮机辅助设备的日常操作和使用情况，是故障诊断中不可忽视的数据源。与传感器数据不同，操作日志更多地反映了人为因素和设备使用的上下文信息。操作日志的整合首先要解决的是日志的采集和存储问题。由于操作日志可能分散在不同的系统或设备中，我们需要建立一个集中的日志采集系统，将这些分散的日志统一收集起来。同时，为了确保日志的完整性和可追溯性，我们需要采用适当的存储策略，如使用分布式存储系统或建立日志备份机制。在整合操作日志时，我们还需要关注日志的解析和结构化处理。原始的操作日志可能是非结构化的文本数据，难以直接用于数据分析。因此，我们需要利用自然语言处理等技术对日志进行解析，提取出关键的操作事件和相关信息，并将其结构化为可供分析的格式。

3.多源数据的融合分析

传感器数据和操作日志只是轮机辅助设备故障诊断中的两个数据源，实际上还可能存在其他类型的数据，如维护记录、环境监测数据等。为了获得更全面的故障诊断结果，我们需要将这些多源数据进行融合分析。首先要解决的是数据之间的关联性问题。不同数据源之间可能存在时间、空间或语义上的关联，我们需要找到这些关联并建立相应的数据融合模型。例如，我们可以利用时间戳将传感器数据与操作日志进行对齐，从而分析设备在特定操作下的性能表现。多源数据的融合分析还需要考虑数据的互补性和冗余性问题。不同数据源可能提供相互补充的信息，也可能存在冗余或冲突的数据。因此，在融合分析过程中，我们需要对数据进行去重、验证和修正，以确保融合结果的准确性和可靠性。同时，我们还可以利用机器学习等技术对数据进行深入挖掘和分析，发现数据之间的潜在关联和规律，为故障诊断提供更丰富的信息和依据。

4.数据质量管理

在轮机辅助设备故障诊断的数据整合过程中，数据质量管理是确保分析结果准确性的基石。数据清洗与校验是这一环节中的首要任务。由于数据采集、传输过程中可能产生的误差或干扰，原始数据中往往会包含重复、缺失或异常的值。若不进行清洗与校验，这些数据噪声将直接影响后续分析的准确性。因此，我们会采用专业的数据清洗工具和技术，对原始数据进行逐一核查，去除重复项，对缺失数据进行填补或删除，同时运用统计学方法识别并修正异常值。此外，数据标准化与归一化也是数据质量管理的重要环节。由于不同传感器或数据源采集的数据可能具有不同的量纲和取值范围，直接进行分析比较往往会导致结果失真。因此，我们需要对数据进行标准化或归一化处理，使所有数据都转换到同一尺度上，从而确保分析结果的客观性和准确性。这一过程通常涉及复杂的数学变换和算法处理，旨在消除数据间的量纲差异，使各类数据能够在同一平台上进行有效对比和分析。

5.数据存储与检索

数据存储与检索策略在轮机辅助设备故障诊断中同样占据重要地位。随着设备运行时间的增长，产生的数据量也日益庞大。如何安全、高效地存储这些数据，并在需要时能够快速检索，成为我们必须面对的挑战。我们采用分布式存储系统，将数据分散存储在多个节点上，不仅提高了数据存储的容量和可扩展性，还确保了数据的安全性。即便部分节点发生故障，也不会影响整体数据的完整性。为了满足故障诊断中对数据快速检索的需求，我们建立了一套高效的数据检索机制。通过关键词、时间范围、数据类型等多种检索方式，工作人员可以迅速定位到所需数据，为故障诊断提供及时、准确的信息支持。这种检索机制的建立，不仅提高了故障诊断的效率，也为轮机辅助设备的稳定运行提供了有力保障。

6.数据安全与隐私保护

在轮机辅助设备运行的数据整合过程中，数据安全与隐私保护是我们必须严肃对待的问题。由于设备运行数据可能包含敏感信息，一旦泄漏或被非法利用，将会对个人和企业造成不可估量的损失。因此，我们采用了先进的数据加密技术，对所有敏感数据进行加密处理，确保数据在传输和存储过程中的安全性。我们还设立了严格的访问控制策略，只有经过授权的人员才能访问敏感数据。通过建立身份验证和权限控制的权限，我们有效地防止了数据的非法访问和泄漏。此外，在处理个人数据时，我们始终遵守相关的隐私保护法规，采用匿名化、脱敏等技术手段来保护个人隐私。这些措施的实施，不仅保障了数据的安全性和隐私性，也为我们的故障诊断工作提供了坚实的法律保障和道德支撑。

二、轮机辅助设备运行基于数据的故障诊断预处理与分析技术

（一）数据清洗与标准化流程以确保数据质量

在轮机辅助设备运行基于数据的故障诊断中，数据清洗与标准化是预处理阶段的关键步骤，对于确保后续分析的准确性和有效性至关重要。数据清洗旨在识别和纠正数据中的错误、异常和缺失值，从而提高数据集的整体质量。在这一过程中，我们会利用专业的数据清洗工具，通过设定合理的阈值和规则，自动识别和过滤掉那些显然不合理或偏离正常范围的数据点。同时，对于缺失的数据，我们会根据数据的分布特征和相关性进行合理填补，以保证数据集的完整性。数据标准化则是为了消除不同特征之间的量纲差异，使得所有数据都能够在同一尺度上进行分析。我们通常采用Z-score标准化或最小—最大标准化等方法，将数据转换到统一的范围内，这样做不仅可以提高算法的收敛速度，还能确保不同特征在模型训练中具有相同的权重。通过这一系列的数据清洗与标准化流程，我们能够显著提高数据质量，为后续的特征提取和故障诊断奠定坚实基础。

（二）特征提取方法为故障诊断提供有效信息

特征提取是轮机辅助设备运行故障诊断中的核心技术之一。其目标是从原始的、高维度的数据中提取出与故障相关的关键信息，以降低数据的复杂性并增强故障诊断的准确性。在特征提取过程中，我们运用多种统计方法和信号处理技术，如时域分析、频域分析以及时频联合分析等，来捕捉数据中的异常模式和故障征兆。具体而言，时域分析可以帮助我们捕捉信号在时间序列上的变化特征，如峰值、均值、标准差等统计量，这些都能为识别设备的运行状态提供线索。频域分析则通过傅里叶变换等手段，将数据从时间域转换到频率域，从而揭示出隐藏在时域信号中的周期性成分和谐波结构，这对于诊断旋转机械的故障尤为重要。此外，时频联合分析方法，如小波变换等，能够同时在时间和频率两个维度上分析信号，提供更为丰富的故障特征信息。通过这些特征提取方法，我们能够有效地从海量的运行数据中提炼出对故障诊断有价值的信息，进而构建出更为精确和高效的故障诊断模型。这不仅提高了故障诊断的准确率，还为轮机辅助设备的安全运行和预防性维护提供了有力支持。

三、轮机辅助设备运行基于数据的故障诊断方法

（一）统计模型与机器学习算法在故障诊断中的应用

统计模型与机器学习算法在轮机辅助设备故障诊断中的应用日益广泛。这些高级数据分析工具能够从海量的设备运行数据中提取有价值的信息，进而实现对设备健康状态的准确评估。具体而言，统计模型如回归分析、方差分析等，可以帮助我们理解设备性能参数之间的关系，预测设备可能出现的问题。而机器学习算法，如支持向量机、决策树和集成学习等，则能够自动地学习数据中的模式，并根据这些模式对新的数据进行分类或预测。在实际应用中，这些算法可以自动识别设备的异常状态，及时发出预警，从而避免潜在的故障发展成严重的设备损坏。通过这种方式，统计模型与机器学习算法不仅提高了故障诊断的准确性和效率，还为设备的预防性维护提供了有力的数据支持。

（二）深度学习技术对于复杂故障模式的识别能力

深度学习技术在轮机辅助设备故障诊断中表现出了卓越的复杂故障模式识别能力。深度学习模型，特别是神经网络模型，具有强大的特征学习和表示能力。它们能够从原始数据中自动提取有用的特征，而无须人工进行特征工程。在处理轮机辅助设备的复杂故障模式时，深度学习技术能够通过多层网络结构逐步抽象和表示数据中的深层信息，从而准确地识别出各种复杂的故障模式。这种能力使得深度学习成为处理轮机辅助设备故障诊断的有力工具，尤其是在面对复杂多变的故障情况时，通过深度学习技术，我们可以更准确地诊断设备故障，提高设备的可靠性和安全性。

（三）故障诊断模型的训练、验证与优化过程

故障诊断模型的训练、验证与优化是轮机辅助设备故障诊断中的重要环节。训练过程是通过使用大量的历史故障数据来"教授"模型如何识别故障特征。这些数据需要经过预处理，如数据清洗、特征选择等，以确保模型能够学习到最有效的信息。在模型训练完成后，验证过程则是对模型性能的一次全面检查。通过使用独立的验证数据集，我们可以评估模型在未知数据上的表现，确保其具有良好的泛化能力。如果发现模型在验证数据上的表现不佳，就需要对其进行优化。优化可能涉及调整模型的参数、改变模型的结

构,或是尝试不同的算法。这一过程需要反复进行,直至找到性能最佳的模型。通过这样的训练、验证与优化过程,我们可以确保故障诊断模型在实际应用中的准确性和可靠性。

四、轮机辅助设备运行基于数据的故障诊断系统的实施与操作

(一)构建故障诊断系统的基本框架与组件

构建轮机辅助设备运行基于数据的故障诊断系统,首先需要搭建一个稳固的基本框架,并集成必要的组件。这个框架包括数据采集层、数据处理层、故障诊断层和用户交互层。数据采集层负责实时收集轮机辅助设备的运行数据,如温度、压力、振动等关键参数。数据处理层则对采集到的原始数据进行清洗、转换和标准化处理,以提取有用的特征信息。故障诊断层是系统的核心,它运用先进的算法和模型对数据进行分析,以识别设备的健康状态和潜在的故障。其次,用户交互层提供直观的操作界面,使用户能够方便地查看设备状态、接收故障预警以及进行其他相关操作。在这个框架中,各个组件协同工作,确保数据的顺畅流动和准确处理。数据采集器负责从传感器等数据源获取实时数据,数据传输模块则保证数据的安全、高效传输。数据存储与管理系统用于存储历史数据和实时数据,以便后续的分析与查询。而故障诊断算法与模型则是整个系统的"大脑",通过对数据的深入挖掘,发现设备运行的潜在问题。

(二)实时数据监控与故障预警机制的建立

实时数据监控与故障预警机制是故障诊断系统的关键功能之一。通过实时监控轮机辅助设备的运行数据,系统能够及时发现异常情况并发出预警。这一机制的建立依赖于高精度传感器和高速数据传输技术,确保数据的实时性和准确性。当系统检测到异常数据时,会触发预警流程。预警信息将通过用户界面、短信、邮件等多种方式及时通知相关人员。此外,系统还会自动记录异常数据的发生时间、持续时间和严重程度等信息,为后续的故障排查和原因分析提供有力支持。这种实时数据监控与故障预警机制的建立,大大提高了轮机辅助设备运行的安全性和可靠性。它能够在故障发生前进行预警,从而避免或减少设备损坏和生产中断的风险。

(三)操作界面的设计与用户交互体验优化

操作界面的设计对于提高用户交互体验至关重要。一个直观、易用的界面能够使用户更加便捷地查看设备状态、接收预警信息以及进行其他操作。因此，在故障诊断系统的设计中，我们要注重界面的友好性和易用性。我们采用图形化界面设计，通过直观的图表、曲线等方式展示设备的运行状态和故障预警信息。用户只需简单点击或滑动屏幕，即可轻松获取所需信息。同时，我们还提供详细的用户手册和操作指南，帮助用户更好地理解和使用系统。为了进一步优化用户交互体验，我们还定期收集用户的反馈意见，并根据用户的实际需求进行界面调整和功能优化。通过这种方式，我们不断提升故障诊断系统的用户体验，使其更加符合用户的操作习惯和需求。

五、基于数据的故障诊断方法的应用

船舶动力设备是为船舶提供动力的主要设备设施，经过长期的运行和磨合，设备出现故障和问题在所难免。船舶动力系统由多个动力设备构成，动力设备结构较为复杂，而船舶运行环境比较特殊，面临的恶劣环境情况较多，动力设备经常出现故障。一旦动力设备发生故障就会导致船舶停航和瘫船，严重时还可能会发生安全事故，带来巨大的经济损失和人身安全威胁。因此，分析和研究船舶动力设备故障诊断系统十分必要。但是传统的动力设备故障诊断方式比较落后，存在一些弊端和不足，如执行时间较长、诊断效率较低、诊断位置存在误差等。为了保证船舶动力设备的正常运行，构建设备故障诊断系统十分必要，要完善其硬件和软件建设，为故障排除和设备维护提供科学的依据和准确的参数，进而保证动力设备的正常运转，促进船舶的正常运行。

(一)船舶动力设备故障软硬件分析

1.船舶动力设备诊断系统硬件分析

考虑到船舶动力设备的故障和问题的特点，硬件设备主机采用的是便携式计算机设备，然后对其进行加固处理，一般4个PCI（Peripheral Component Interconnect，外设部件互联标准）接口，采用高性能的外部设备互联的方式实现连接。总线具体设置采用时钟40 MHz，64位。PCI总线连接模式可以实现多种处理器的连接，支持即插即用，可以方便用户外接组件的需求，进而实现对多种故障的诊断。船舶动力系统配套的A/D（Analog to Digital，模数转换）板和信号调理板采用的是一种集成电路设计和工艺，要根据用户的实际需求，设定系统的实际功能，进而调整设定参数，满足客户的实际需求，从而对设备进行科学的诊断和分析。船舶动力系统硬件一般由计算机、扩展箱、硬件转接板、参数测试传感器构成，这种诊断系统携带十分便捷，操作很简单，对环境要求较低，适合在船舶设备检测中使用，使用的元器件封闭性较好，抗腐蚀性较强。

2.船舶动力设备诊断系统软件分析

船舶动力设备故障诊断系统软件一般采用Windows NT系统，可以实现多种操作，拥有很多高级的应用程序，用户界面清晰简单，可以实现多种硬件的兼容，实现网络协议、客户、连接等多种连接，性能较高，稳定性较强，具有较强的开放性，可以满足船舶动力设备故障诊断的要求，可以实现智能化及数字化操作。目前主要应用的软件使用C++和Lab View语言编制。C++是一种编程语言，可视性较强，具有强大的网络功能，可以实现程序的自动生成，实现快速编写和集成管理；交互性较强，经过简单设置便可以实现程序框架与数据接口的一致性。C++语言的优点较为明显，一般设备故障诊断函数都是利用这类语言编写而成，逐渐形成链接库，进而调用平台。Lab View语言也是一种软件常用语言，由美国国家仪器公司开发，其虚拟仪器系统备受开发者青睐，其虚拟仪器界面控件可以实现世界上多种设备的测试模拟，可以实现自定义人机对话界面，可以建立测量与控制系统，取代其他仪器，同时具有强大的驱动软件，可以和任何接口硬件实现连接。使用Lab View语言进行船舶动力设备诊断软件开发，周期较短，成本较低，因此其应用比较广泛，具有较大的发展空间。

（二）船舶动力设备故障诊断原理和数据处理

1.故障诊断原理分析

针对船舶动力装置，尤其是大型船舶动力装置，故障诊断可以建立模型，使用传感器对动力装置和设备的物理信息和数据进行采集，使用敏感元器件对船舶振动参量、噪声信息和动力输出稳定性信息进行采集，这里提到的敏感元器件主要包括换能器、声传感器、振动传感器、磁力计等。这些元器件的使用可以提取出船舶动力设备中异常的振动信号和噪声信号，对动力设备运转情况进行记录，在不同工况下提取不同的信号，对信号进行检测。这些信息中有很大一部分能反映出设备的故障问题，通过将故障识别信息输入专家诊断系统，进而实现动力设备故障的科学诊断。动力设备故障信号检测是十分重要的一个环节，要将信号和信息的检测结果输入工况状态识别系统，分析动力设备的工况是否异常，对动力设备运转状态进行监测，工况异常时，提取故障信号，从而找到故障位置，判断故障原因。

2.船舶动力装置故障状态数据采集和处理

船舶动力设备在不同的运转情况下故障数据和信号是有差异的，想要使用敏感元器件对信号和信息进行收集，就要采集动力设备的喘振信号，求取其冲击特征，利用谱分析方法和自适应滤波方法对信号进行提取。根据船舶动力设备信号的时间序列函数公式进行计算，在不同频率上，动力设备的统计分布规律满足标准分布，如果局部平稳说明没有异常，如果曲线异常说明存在故障。将动力设备故障信号的时域和频域结合在一起，利用匹配滤波器进行信号滤波，得到窗口尺度信号各频率分量随时间变化的关系，可以构造出联合分布函数，根据函数分析规律，一旦出现函数曲线异常，说明动力设备存在故障和问题，因此特征提取和分类识别是有效的故障分析方法。

（二）船舶动力设备故障诊断关键技术发展及趋势

目前，针对船舶动力设备故障诊断已经有了很多研究成果，有些技术已经开始投入使用，效果较好，但在实际工作中还是存在一些问题。我国船舶故障诊断、维修维护方面研究起步较晚，近些年，我国航海相关院校和研究所都在积极努力，取得了一定的成绩，但是与船舶运行实际还相去甚远，还没有构建完善的船舶动力设备故障诊断系统，其关键技术有待研究和实践。现在世界一些发达国家已经形成了一些故障诊断的系统和仪器，但是只是适用于某种或某些型号的船舶，难以适应我国的航海和船舶制造企业的实际需求，因此，优化船舶动力装置故障诊断系统，优化技术工艺是十分必要的，未来其关键技术的发展也是我国需要十分关注的。

1.故障原理分析研究

我国要针对不同型号的船舶动力设备进行研究和分析，结合其可能发生的故障作为研究对象，结合诊断对象的特点，分析现有的专家研究成果和实践维修维护经验，建立故障征兆与原因的对应关系。动力装置是十分复杂的系统，包括机械、电气与电子系统原理，因不同船舶的动力设备存在较大的差异，故障机理分析存在一定的困难，但这是故障分析的基础，要做好动力设备故障机理研究，这是故障诊断的关键。

2.建立智能化故障诊断系统

未来船舶动力设备故障诊断系统的发展方向就是智能化、数字化的故障诊断系统,尤其随着远洋船舶的专业化和大型化,船舶动力设备一旦发生故障后果不堪设想,因此,必须完善故障诊断系统,避免船舶航行过程中出现问题。智能故障诊断系统要采用先进的计算机技术与信息化技术,建立知识信息库,随时调取故障原理信息,运用网络技术与建模技术等,实现智能化故障分析和诊断,提高诊断的科学性与效率。

3.加强与新的理论和方法相结合的应用研究

船舶动力设备较为复杂,其中包括机械系统、电力系统和电子系统,还有一些伪线性系统,伪线性系统诊断难度极大,因此,要创新故障诊断技术与方法,借鉴发达国家的先进经验,构建结合我国船舶型号的动力设备诊断技术。故障诊断技术要用于实践检验其科学性,实践后才能确定其性能和效率,对于不完善之处要及时纠正。

船舶动力设备对于船舶航行至关重要,动力设备一旦出现故障就会导致瘫船,严重时会导致水上安全事故,因此,必须构建科学、先进的动力设备故障诊断系统,准确判断出故障的位置和可能发生故障的原因,找准切入点,及时解决和处理,进而保证动力设备恢复功能,保证船舶的正常运转。船舶动力设备故障多种多样,故障诊断要涵盖多方面知识,要建立全面的故障诊断系统,提高诊断效率和准确性,进而使船舶维修和维护更有针对性。

预测性维护在轮机辅助设备中的应用

在轮机系统的运行中,轮机辅助设备的稳定性和可靠性是至关重要的。随着工业技术的不断进步,传统的定期维护模式已经无法满足现代复杂轮机系统的运行需求。预测性维护(Predictive Maintenance,PdM)作为一种先进的维护策略,正逐渐在轮机辅助设备维护领域展现出其独特的优势。预测性维护通过持续监测设备的运行状态，利用先进的数据分析技术和算法来预测设备可能出现的故障，从而在故障发生前采取必要的维护措施。这种方法不仅能够有效防止意外停机，减少维修成本，还能延长设备的使用寿命，提高整体运行效率。本节将深入探讨预测性维护在轮机辅助设备中的实际应用。我们将详细介绍如何通过收集和分析轮机辅助设备的运行数据，利用这些数据来预测和识别潜在的故障模式，以及如何通过及时的维护干预来防止故障的发生。同时，将讨论预测性维护策略如何与现有的维护管理体系相结合，以实现轮机辅助设备的高效、安全和可靠运行。

一、数据驱动的预测性维护流程

（一）数据采集与预处理

在数据驱动的预测性维护中，数据采集是首要环节。为了确保数据的准确性和有效性，必须明确需要监测的关键性能指标。这些指标应涵盖轮机辅助设备运行的各个方面，如温度、压力、振动等，它们能够直接反映设备的运行状态。通过高精度的传感器，我们可以实时捕获这些关键数据，为后续分析提供坚实基础。

然而，原始数据往往包含各种噪声和异常值，这就需要对其进行细致的数据预处理。数据清洗是这一过程中的重要步骤，它涉及去除重复、无效或错误的数据，填补缺失值，以及处理可能的异常数据点。数据标准化则是为了确保不同指标之间具有可比性，通过数学变换将数据调整到统一的量度范围内。这些预处理步骤对于后续的数据分析和模型建立至关重要，它们能够提高数据质量，从而确保分析结果的准确性。

（二）状态监测与异常监测

状态监测是预测性维护的核心环节之一。通过安装在轮机辅助设备上的传感器，我们可以实时监测设备的各项性能指标。这些传感器不断收集数据，为我们提供设备当前运行状态的实时反馈。通过对这些数据的持续观察和分析，我们能够及时发现设备性能的微小变化，为后续的异常检测提供有力支持。异常检测则依赖于对实时监测数据的深入分析。我们利用统计学方法、机器学习算法等手段，对数据中的异常模式进行识别和分类。一旦检测到异常情况，系统便会立即发出警报，通知维护人员及时介入。这种实时的异常检测机制能够大幅缩短故障发现和处理的时间，从而有效降低设备损坏的风险，提高整体运营效率。

（三）故障预测模型构建

构建精确的故障预测模型是预测性维护的关键步骤。在选择预测算法时，我们需要根据历史数据的特点和设备故障的模式来做出决策。机器学习、深度学习等先进算法在这一领域展现出了巨大的潜力。这些算法能够从海量的历史数据中提取有用的特征，并学习故障发生的规律和趋势。模型训练是一个迭代优化的过程。我们利用已知故障案例和正常运行数据来训练模型，使其能够准确识别出即将发生故障的征兆。通过不断调整模型的参数和结构，我们可以提高模型的预测精度和泛化能力。验证阶段则是为了确保模型在实际应用中的有效性。我们使用独立的测试数据集来评估模型的性能，确保其能够在实际环境中稳定运行并提供准确的预测结果。

（四）维护决策与优化

基于故障预测模型的输出结果，我们可以制订出更为精准的维护计划。对于预测出的潜在故障点，我们会提前安排维护任务，以防止故障的实际发生。这种预见性的维护策略能够显著降低意外停机的风险，并提高设备的整体可靠性。我们还需要对维护资源进行合理地配置和优化。这包括维护人员的调度、维修工具和设备的管理等方面。通过智能化的资源管理系统，我们可以实现维护资源的高效利用，确保维护工作的顺利进行。此外，我们还会根据设备的实际运行情况和维护记录，不断优化维护计划和资源配置策略，以达到降低成本、提高效率的目的。

二、预测性维护技术在轮机辅助设备中的实际应用

（一）成功实施预测性维护的轮机辅助设备的案例分析

近些年，智能制造在流程工业生产中得到了示范应用，其重要性逐渐深入人心。国内外学者对于智能制造的理解和定义不尽相同。清华大学吴澄将智能制造定义为以智能技术为代表的新一代信息技术在制造全生命周期的应用中所涉及的理论、方法、技术和应用。智能制造时代，对于设备的可靠性要求会更高，对于设备维护管理的要求也会随之提高，制造企业、设备管理信息化厂商、预测性维护服务厂商都将参与到设备维护管理的整体环节中。

1. 设备预测性维护

预测性维护是以状态为依据的维修，是对设备进行连续在线的状态监测及数据分析，诊断并预测设备故障的发展趋势，提前制订预测性维护计划并实施检维修的行为。总体来看，在预测性维护中，状态监测和故障诊断是判断预测性维护是否合理的根本所在，而状态预测是承上启下的重点环节。根据故障诊断及状态预测得出的维修决策，形成维修活动建议，直至实施维修活动。可以说，预测性维护通盘考虑了设备状态监测、故障诊断、预测、维修决策支持等设备运行维护的全过程。然而，上述预测性维护与预防性维修不同，经常会有人将两者混淆。这里需要强调说明，后者是以时间为依据的维修，目的是定期检测设备健康状态、定期修复已发生的设备故障及损坏、预防继发性毁坏及设备停机故障。相对于预防性维修，实行预测性维护制度有以下优点：避免"过剩维修"，防止不必要的解体拆卸、更换零部件等；有效减少设备停机维修时间；尽早发现故障隐患，避免故障恶化；合理预估机械部件的剩余寿命，使设备在保证安全的情况下合理运行。基于上述优势，可以说实施预测性维护是企业提高设备管理水平的必经之路，也是必然趋势。

2. 设备故障诊断

在制造企业的生产环节中，生产与管理之间的关系可以描述为：系统的自由度决定了管理的复杂程度。对智能制造来说，系统的自由度越小，系统的可靠性要求越高，对设备管理者及检维修人员的要求也会随之提高。设备管理者需要在生产系统自由度降低的情况下实现更优化、更简化、更智能化的设备状态监测诊断过程，并以高准确性、高精确性的诊断结论指导检维修实施及设备恢复生产。设备故障诊断是预测性维护技术体系的重要组成部分，通过选取合适的状态监测传感器，对设备各个机械部位的状态信号连续、并行地进行采集这是基础，关键在于特征提取算法及故障识别方法。强调选取合适的状态监测传感器是因为特征提取算法是对原始信号的有效内容进行提取。合适的传感器所采集的有效信息会更多，更有利于进行故障类型识别，继而进行故障确认并产生预警信息。设备故障诊断在预测性维护中的实际意义为提醒设备管理者及维修人员及时排除故障隐患，使设备重新进入稳定运行期。现阶段预测性维护中的故障诊断主要依靠人工分析实现，诊断分析人员通过趋势、波形、频谱等专业分析工具，结合传动结构、机械部件

◆ 轮机辅助设备运行数据收集及传输

参数等信息,实现对设备故障的精准定位。我们相信,未来的预测性维护将是建立在物联网及人工智能技术上的智能诊断,届时诊断效率和准确性都将获得大幅提高。本书将重点介绍物联网技术在设备状态监测诊断中的应用前景及实施方案。

3.物联网技术的应用

物联网技术为设备状态监测诊断带来了设备状态无线监测、高速数据传输、边缘计算和精细化诊断分析等先进技术。在设备状态监测诊断中应用物联网技术,面向企业数字化、网络化、智能化需求,构建精准、实时、高效的数据采集互联体系。其核心意义在于构建基于海量数据采集、汇聚、分析的服务体系,实现工业技术、经验、知识的模型化、标准化、软件化、复用化。基于目前全球化的工业物联网发展态势,可以认为物联网在设备状态监测诊断中的应用范围、应用规模、应用成果将会不断扩大,应用效果也将向更好更优的水平发展。基于物联网的设备监测诊断系统架构,从整体的网络架构来看,设备健康监测物联网综合管理平台利用安装在设备上的传感器节点获取设备的健康状态监测信号和运行参数数据,经网络层集中上传至设备健康监测物联网综合管理平台,实现数据传输。应用层实现监测信号的分析、故障特征提取、故障诊断及预测功能,实现智能化管理、应用和服务。设备健康监测物联网综合管理平台具有强大的数据采集分析处理、数据可视、设备运维、故障诊断、故障报警等功能。通过实时监测、查看、统计、追溯,实现对其管辖设备的实时监测和运行维护,基于运行信息和检修信息、自动生成设备管理报表,实现设备可靠性、故障数据、更换备件等信息统计,为维修方案制订提供依据。针对不同需求,物联网综合管理平台可采用私有云方式建设,以独享主机资源方式,满足用户的资源独享、安全、合规需求;可通过HTTP、OPC等方式,实现与企业生产管理系统或第三方管理系统进行数据对接,打通数据关联通道。此外,除了物联网综合管理平台,物联网在设备状态监测诊断中的应用还包括通过设备状态监测诊断App,以实现对设备运行数据的实时显示,及时了解设备突发故障,立即派发对设备维修任务,快速反馈对维修结果等。设备状态监测诊断、现场点检、DCS控制系统以及生产现场视频的整体融合,全面覆盖设备运行状态的整个监测过程。通过手机及内部办公电脑实现数据的及时查看、分析等,远程诊断中心与生产现场协同工作,实现诊断及现场验证的同步机制。

针对预测性维护价值数百亿元的新兴市场，本书提出以设备故障监测、诊断、预防性维护为手段，将物联网技术应用于设备状态监测诊断的思路，实现状态在线监测、远程故障诊断。同时，智能制造升级需要匹配预测性维护能力的同步提升。因此，针对智能制造时代的生产需要，建议将普遍采用的计划性检修向基于设备健康状态的预测性维护转变。预测性维护的最终目标是提高生产安全稳定性、有效制定并实施设备维护策略、降低设备维护成本、减少设备停工检修时间。

（二）预测性维护技术在轮机辅助设备中的技术挑战与解决方案

在实施预测性维护的过程中，我们不可避免地会面临一系列技术挑战。其中，数据质量问题尤为突出。由于轮机辅助设备的工作环境复杂多变，传感器收集到的数据往往存在不完整、噪声干扰等问题，这些问题严重影响了后续的数据分析和模型训练的准确性。为了解决数据质量问题，我们采取了一系列措施。首先，通过数据清洗技术，我们能够有效去除重复、无效或错误的数据，填补缺失值，并对异常值进行合理处理。这一步骤不仅确保了数据的完整性，还提高了数据的一致性。其次，我们利用滤波技术对数据进行平滑处理，减少了噪声干扰，使得数据更加贴近真实情况。此外，我们还利用校准技术对数据进行了标准化处理，消除了不同量纲和数量级对数据分析和模型训练的影响。除了数据质量问题外，模型泛化能力的提升也是我们在实施预测性维护过程中需要关注的重要方面。由于轮机辅助设备的故障模式复杂多样，单一模型往往难以适应所有情况。为了提高模型的预测精度和适用范围，我们采用了集成学习技术。通过将多个单一模型的预测结果进行集成，我们得到了更加准确和稳定的预测结果。同时，我们还利用迁移学习技术，将在其他领域取得成功的模型迁移到轮机辅助设备的预测性维护中，进一步提升了模型的泛化能力。为了不断提升模型的泛化能力，我们还不断收集和积累更多的故障案例和数据。通过不断丰富模型的训练样本，我们能够让模型学习到更多的故障模式，从而提高其在实际应用中的表现。这一步骤不仅需要大量的时间和精力投入，还需要与设备操作人员和维护人员紧密合作，确保数据的准确性和完整性。

（三）预测性维护技术在轮机辅助设备中的经济效益与安全性能的提升

预测性维护技术在轮机辅助设备中的应用带来了显著的经济效益和安全性能提高。首先，通过减少意外停机时间，预测性维护显著提高了设备的利用率和生产效率。在传统的定期维护模式下，设备往往需要在固定时间进行停机检修，这不仅浪费了宝贵的生产时间，还可能因为检修不及时而导致设备故障扩大。而预测性维护则能够根据设备的实际运行状态进行灵活调整，确保设备在最佳状态下运行，从而提高了生产效率和产品质量。其次，预测性维护能够及时发现并处理潜在故障，从而延长了设备的使用寿命。通过对设备运行数据的实时监测和分析，预测性维护能够在故障发生前预测到潜在问题，并提前采取维护措施。这不仅可以避免设备因故障而停机维修带来的损失，还可以减少设备因过度磨损而提前报废的情况。因此，预测性维护在提高设备利用率的同时，也降低了设备的更换成本。最后，预测性维护通过实时监测和预警机制提高了运行的安全性。通过对设备运行数据的实时监控和分析，预测性维护能够及时发现异常情况并发出警报。这使设备操作人员和维护人员能够及时采取措施避免事故的发生或扩大。此外，预测性维护还能够根据设备的实际运行状态进行风险评估和预警提示，帮助设备操作人员和维护人员更好地了解设备的安全状况、并采取相应措施保障设备的安全运行。

三、提高预测性维护效果的策略建议

（一）加强跨部门协作与信息共享

在提高预测性维护效果的道路上，跨部门协作与信息共享扮演着举足轻重的角色。预测性维护的实施涉及设备的实时监测、数据分析、维护计划制订等多个环节，这些环节往往分散在企业的不同部门之中。因此，加强部门间的沟通与协作，确保信息的畅通无阻，是提高预测性维护效果的关键。跨部门协作要求各部门摒弃传统的壁垒，形成紧密的合作关系。通过定期的跨部门会议，各部门可以共同讨论预测性维护的实施进展，分享经验和教训，共同解决问题。同时，建立信息共享平台，实现设备数据、维护记录、故障信息等关键信息的实时共享，为各部门提供准确、及时的数据支持。这种跨部门协作与信息共享的模式，不仅可以提高预测性维护的决策效率，还可以减少重复工作，降低成本。在实施过程中，还需要明确各部门的职责与分工。设备维护部门负责设备的日常巡检和紧急维修，数据分析部门负责数据的收集、处理和分析，运营管理部门则负责制订维护计划和资源调配。各部门在明确职责的基础上，相互支持、密切配合，共同推动预测性维护工作的顺利开展。

（二）持续优化预测模型与算法

预测模型与算法是预测性维护的核心，它们的准确性和可靠性直接影响预测性维护的效果。为了提高预测性维护的精度和效率，需要持续优化预测模型与算法。收集更多数据是优化预测模型与算法的基础。设备的运行数据、故障数据等都是预测模型的重要输入。通过不断收集这些数据，可以为预测模型提供更加丰富、全面的信息，从而提高模型的预测精度。同时，需要对数据进行清洗和预处理，确保数据的质量和准确性，避免噪声数据对模型训练产生干扰。引入先进技术是优化预测模型与算法的重要途径。随着人工智能、机器学习等技术的不断发展，为预测模型与算法的优化提供了更多的可能性。可以运用这些先进技术，对预测模型进行改进和优化，提高模型的预测精度和泛化能力。例如，可以采用深度学习算法对设备故障进行预测，通过训练神经网络模型，学习设备故障的特征和规律，从而实现对设备故障的准确预测。定期评估与调整是保持预测模型与算法先进性和适应性的关键。随着时间的推移和设备运行环境的变化，预测模型可能会出现偏差或失效的情况。因此，需要定期对预测模型进行评估和调整，确保模型始终保持较高的预测精度和可靠性。这可以通过对比模型预测结果与实际故障情况、分析模型误差来源等方式来实现。根据评估结果，可以对模型进行相应的调整和优化，提高模型的预测性能和稳定性。

（三）重视人员培训与技能提升

在预测性维护的实施过程中，人员的专业知识和技能水平对于提高维护效果至关重要。因此，重视人员培训与技能提升是确保预测性维护工作顺利开展的关键。制订详细的培训计划是提升人员专业知识和技能的基础。培训计划应根据预测性维护的需求和人员实际情况来制订，包括培训内容、培训方式、培训周期等。培训内容应涵盖预测性维护的基本概念、技术原理、实施方法等基础知识，以及相关的数据分析、机器学习等专业技能。培训方式可以采用线上课程、线下讲座、实践操作等多种形式，以满足不同人员的学习需求。同时，培训周期应根据人员的学习进度和工作需求来灵活安排，确保人员能够充分掌握相关知识和技能。提供实践机会是提升人员专业技能的重要途径。通过参与实际项目、模拟演练等方式，人员可以亲身体验预测性维护的实施过程，加深对预测性维护的理解和掌握相关技能。在实践过程中，人员可以不断积累经验、发现问题并寻求解决方案，从而提高自己的专业技能水平。鼓励自主学习与交流也是提升人员专业技能的有效手段。可以建立学习群组、分享会等平台，让人员分享自己的经验和心得，相互学习和借鉴。同时，还可以提供学习资源和学习指导，帮助人员不断拓宽自己的知识视野和提高专业技能水平。这种自主学习与交流的氛围有助于激发人员的学习热情和创造力，推动预测性维护工作的不断创新和发展。

第8章 轮机辅助设备运行数据传输安全与隐私保护

随着信息技术在轮机辅助设备中的应用不断深入,轮机辅助设备的运行数据收集及传输已成为确保船舶高效、安全运行的关键环节。然而,在数据驱动的时代,数据安全与隐私保护问题日益凸显,成为制约轮机辅助设备数据传输技术进一步发展的重要因素。轮机辅助设备作为船舶运行不可或缺的一部分,其运行数据的准确性和实时性对于船舶的操控和决策至关重要。然而,随着数据传输量的增加和传输渠道的多样化,数据在传输过程中面临诸多安全风险,如数据泄漏、篡改、非法访问等。这些风险不仅可能导致船舶运行信息的泄漏,还可能对船舶的安全运行构成威胁。此外,轮机辅助设备运行数据的隐私保护问题也不容忽视。这些数据中可能包含船舶的敏感信息,如船舶位置、运行状态等,这些信息一旦泄漏,可能对船舶的航行安全、商业机密甚至国家安全造成重大影响。本章将重点探讨轮机辅助设备运行数据传输安全与隐私保护的重要性,以及在实际应用中应采取的安全措施。我们将从数据收集、传输、处理等多个环节出发,分析可能存在的安全风险,并提出相应的解决方案和策略。通过加强数据安全与隐私保护,我们旨在确保轮机辅助设备运行数据的准确性和实时性,为船舶的安全、高效运行提供有力保障。

轮机辅助设备运行数据安全与隐私保护的重要性

在轮机辅助设备的日常运行中，数据扮演了至关重要的角色。从监测设备的实时状态到优化运行效率，再到故障预测和维护计划，数据的收集、传输和处理都不可或缺。然而，随着轮机辅助设备智能化和网络化程度的不断提高，数据的安全性和隐私保护问题也日益凸显。轮机辅助设备运行数据的安全性直接关系船舶的运行安全和经济效益。一旦数据在传输过程中被非法访问、篡改或泄漏，不仅可能导致船舶运行信息的失真，还可能引发严重的安全事故。因此，确保数据在传输过程中的安全，防止数据被非法获取和利用，是保障船舶安全运行的基础。轮机辅助设备运行数据的隐私保护同样重要。这些数据中可能包含船舶的敏感信息，如船舶位置、运行状态等。这些信息一旦泄漏，便可能被不法分子利用，对船舶的航行安全、商业机密甚至国家安全构成威胁。因此，保护轮机辅助设备运行数据的隐私，防止敏感信息泄漏，是维护船舶合法权益和保障国家安全的必要措施。为了确保轮机辅助设备的正常运行和船舶的安全、高效航行，我们必须加强对数据传输过程中的安全管理和隐私保护。这不仅是技术发展的必然趋势，也是维护船舶和国家安全、保障船舶合法权益的必然要求。

一、轮机辅助设备运行数据的安全性分析

（一）数据安全性的定义与重要性

1.数据安全性的基本概念

数据安全性，作为一个核心概念，在信息化时代具有举足轻重的地位。它是指通过采取一系列技术手段和管理措施，确保数据的完整性、机密性和可用性，防止数据因各种原因而遭受未授权的访问、使用、修改或破坏。这种保护不仅涵盖数据的存储阶段，还涉及数据的传输、处理和销毁等全生命周期过程。在轮机辅助设备的运行管理中，数据安全性的定义同样适用。它要求保护所有与轮机辅助设备运行相关的数据，包括但不限于设备的实时监

测数据、运行日志、维护记录等。这些数据是轮机辅助设备运维决策的重要依据，其安全性直接关系船舶的安全运行和整体性能。为了确保数据安全性，需要采用多种技术手段，如加密技术、访问控制、防火墙等，以防止外部攻击和内部误操作对数据造成损害。此外，还需要建立完善的数据管理制度和流程，规范数据的采集、存储、传输和使用等环节，确保数据在各个环节都能得到妥善保护。

2.数据安全对轮机辅助设备乃至船舶安全运行的影响

数据安全对轮机辅助设备乃至船舶安全运行的影响是深远而广泛的。数据安全是轮机辅助设备正常运行的基础。轮机辅助设备作为船舶动力系统的核心组成部分，其运行状态直接关系到船舶的安全航行。如果相关数据遭到泄漏或篡改，将可能导致运维人员无法准确判断设备的实际状况，进而做出错误的决策，严重影响船舶的安全运行。数据安全是船舶商业运营的重要保障。轮机辅助设备的运行数据往往包含船舶的商业机密和敏感信息，如船舶的航行路线、货物信息等。一旦这些数据泄漏给竞争对手或敌对势力，将可能给船舶的商业运营带来巨大风险。因此，确保数据安全对于维护船舶的商业利益具有重要意义。数据安全还关系国家安全和公共利益。轮机辅助设备的运行数据在某些情况下可能涉及国家机密和安全利益。如果这些数据被非法获取或滥用，将可能对国家安全和公共利益造成不可估量的损失。因此，从国家安全的角度出发，加强轮机辅助设备运行数据的安全性保护具有极其重要的意义。数据安全性对于轮机辅助设备的正常运行、船舶的商业运营以及国家安全和公共利益都具有重要的影响。因此，我们必须高度重视数据安全性的保护工作，采取有效措施确保轮机辅助设备运行数据的安全可靠。

（二）数据传输过程中面临的安全风险

1.非法访问：外部攻击者试图获取数据

在数据传输过程中，非法访问是一种常见且严重的安全风险。非法访问通常指的是未经授权的第三方试图通过各种手段获取正在传输的数据。这些外部攻击者可能利用网络漏洞、弱密码、恶意软件或其他技术工具来渗透系统，从而实现对传输数据的窃取。非法访问的威胁在于，一旦攻击者成功获取了数据，他们就能够对这些数据进行滥用。对于轮机辅助设备的运行数据而言，这可能包括船舶的位置信息、航行轨迹、设备性能参数等敏感信息。这些信息如果被恶意利用，不仅可能泄漏船舶的商业机密，还可能对船舶的安全运行构成威胁。非法访问的风险还体现在其隐蔽性和持续性上。攻击者可能长期潜伏在系统中，不被轻易发现，从而持续地对传输数据进行窃取。这种持续的非法访问不仅难以防范，而且难以追踪和溯源，给数据安全带来了极大的挑战。

2.数据篡改：数据在传输过程中被恶意篡改

数据篡改是数据传输过程中的另一种严重安全风险。数据篡改指的是在数据传输过程中，数据被恶意修改或破坏，导致接收方收到的数据与原始数据不一致。这种篡改可能是有意为之，也可能是由于网络传输过程中的错误或干扰导致。数据篡改的风险在于，一旦数据被篡改，接收方将无法获得准确的信息，从而导致基于这些信息的决策出现偏差或错误。对于轮机辅助设备的运行数据而言，数据篡改可能导致运维人员无法准确判断设备的实际状况，进而做出错误的决策，如错误的维护计划、不合理的运行参数调整等。这些错误的决策不仅可能影响设备的正常运行，还可能对船舶的安全运行构成威胁。数据篡改的风险还体现在其难以发现和恢复上。由于数据在传输过程中可能经过多个节点和系统，一旦数据被篡改，则很难确定篡改的具体位置和原因。同时，即使发现了数据篡改，也很难完全恢复原始数据，因为篡改可能已经对数据造成了不可逆的损害。

3.数据泄漏：敏感信息在未经授权的情况下被公开

数据泄漏是数据传输过程中最为严重的安全风险之一。数据泄漏指的是敏感信息在未经授权的情况下被泄漏给第三方。这种泄漏可能是由于系统漏洞、人为失误、恶意攻击等原因导致。对于轮机辅助设备的运行数据而言，数据泄漏的风险尤为严重。因为这些数据中包含大量的敏感信息，如船舶的位置信息、航行轨迹、设备性能参数等。一旦这些信息被泄漏，不仅可能泄漏船舶的商业机密，还可能对船舶的安全运行构成威胁。例如，恶意攻击者可能利用泄漏的位置信息对船舶进行追踪和攻击；而竞争对手则可能利用泄漏的性能参数信息来优化自己的船舶设计或运行策略。数据泄漏的风险还体现在其广泛性和不可预测性上。一旦敏感信息被泄漏，这些信息就可能被无限复制和传播，从而给数据安全带来极大的隐患。同时，由于数据泄漏的原因和途径多种多样，很难预测和预防所有可能的数据泄漏事件。因此，加强数据安全管理和防范工作显得尤为重要。

（三）安全风险对船舶运行的影响

1.可能导致船舶运行信息的失真

在船舶运行过程中，准确的信息是保障航行安全、提高运营效率的基础。然而，数据安全风险的存在可能导致船舶运行信息的失真，从而给船舶的正常运行带来严重影响。当数据传输过程中发生非法访问、数据篡改或泄漏等安全事件时，船舶的实时监测数据、运行日志、维护记录等重要信息可能遭受破坏或篡改。这意味着运维人员无法获取到真实的船舶运行状态信息，而是基于被篡改或伪造的数据做出决策。这种情况下，船舶的运行决策将失去准确性，可能导致错误的航行计划、不合理的设备使用和维护策略等。船舶运行信息的失真将直接影响船舶的安全性和可靠性。例如，如果船舶的推进系统数据被篡改，运维人员可能无法准确判断系统的实际性能，从而做出错误的调整，导致船舶在航行过程中出现动力不足或失控的风险。此外，如果船舶的位置信息被泄漏并被恶意利用，攻击者可能利用这些信息对船舶进行追踪和攻击，进一步威胁船舶的安全。确保数据安全对于防止船舶运行信息失真具有重要意义。通过加强数据传输过程中的安全保护措施，及时发现和应对安全事件，可以确保运维人员获取到真实、准确的船舶运行信息，为船舶的安全、高效运行提供有力保障。

2.引发安全事故，威胁船舶和人员安全

数据安全风险不仅可能导致船舶运行信息的失真，还可能直接引发安全事故，对船舶和人员安全构成严重威胁。当数据在传输过程中遭受非法访问或泄漏时，恶意攻击者可能利用这些敏感信息对船舶进行攻击或干扰。例如，攻击者可能通过远程操控船舶的关键系统，导致设备故障或失效，从而引发安全事故。此外，如果船舶的位置信息被泄漏并被恶意利用，攻击者可能针对船舶进行定向攻击，如海盗袭击、恐怖袭击等，进一步威胁船舶和人员的安全。安全事故的发生将给船舶和人员带来巨大损失，船舶可能遭受损坏或沉没，人员可能受伤或丧生。这不仅对船舶的商业运营造成严重影响，还可能对国家的海洋权益和安全构成威胁。加强数据安全保护对于防止安全事故的发生具有重要意义。通过采取严格的数据加密、访问控制、防火墙等安全措施，及时发现和应对安全事件，可以确保船舶运行数据的安全性和保密性，降低安全事故的风险，保障船舶和人员的安全。

3.对船舶的商业运营和国家安全构成潜在威胁

对于船舶商业运营而言，数据安全风险可能导致敏感信息的泄漏，如船舶的货物信息、航线规划等。这些信息一旦被竞争对手或敌对势力获取，则可能用于制定针对性的竞争策略或进行恶意攻击，给船舶的商业运营带来巨大损失。此外，数据泄漏还可能损害船舶的声誉和信誉，影响其在市场上的竞争地位。对于国家安全而言，数据安全风险同样具有不可忽视的影响。轮机辅助设备的运行数据可能涉及国家机密和安全利益。一旦这些数据被非法获取或滥用，便可能对国家安全和公共利益造成不可估量的损失。例如，恶意攻击者可能利用泄漏的敏感信息进行间谍活动、网络攻击或其他破坏行为，对国家安全和稳定构成严重威胁。加强数据安全保护对于维护船舶的商业运营和国家安全具有重要意义。通过采取全面的数据保护措施，建立完善的数据安全管理制度和流程，可以确保船舶运行数据的安全性和保密性，降低商业运营和国家安全风险，维护船舶和国家的利益。

二、轮机辅助设备运行数据的隐私保护需求分析

（一）隐私保护的定义与重要性

隐私保护是指个体或组织对其敏感信息的自主控制，以确保这些信息不被未经授权的第三方获取、使用或披露。在轮机辅助设备运行数据的背景下，隐私保护意味着对这些数据中包含的敏感信息进行有效的管理和保护，防止任何形式的非法访问和滥用。隐私保护的核心在于尊重和保护数据主体的合法权益，维护其信息自主权，确保数据在合法、正当、必要的范围内使用。在轮机辅助设备的运行过程中，会产生大量的数据，这些数据不仅反映了船舶的运行状态、性能参数等关键信息，还可能包含船舶的位置、航行轨迹等敏感信息。这些信息对于船舶的安全运行、商业运营乃至国家安全都具有重要意义。一旦这些数据泄漏，则可能导致严重的后果。因此，加强轮机辅助设备运行数据的隐私保护显得尤为必要。通过实施有效的隐私保护措施，可以防止敏感信息的泄漏，保护船舶的商业机密和国家安全，确保船舶的安全运行和正常商业运营。

（二）轮机辅助设备运行数据中的敏感信息

轮机辅助设备运行数据中可能包含多种敏感信息。船舶的实时位置和航行轨迹是其中最为关键的信息之一。这些信息直接关联到船舶的航行安全，

一旦泄漏，船舶就可能面临被跟踪、干扰甚至攻击的风险。设备的性能参数、维护记录等也是重要的敏感信息。这些数据反映了船舶的运行状态和维护需求，对于船舶的安全运行和预防性维护至关重要。船舶的货物信息、船员信息等也可能包含敏感内容，如货物的种类、数量、目的地等，这些信息一旦泄漏，就可能对船舶的商业运营造成严重影响。敏感信息的泄漏将带来一系列严重后果。船舶的商业机密可能被竞争对手窃取，导致船舶在市场上的竞争地位受损，商业利益受到侵害。船舶的安全航行可能受到威胁。攻击者可能利用泄漏的位置信息对船舶进行恶意攻击或干扰，给船舶和人员安全带来巨大风险。敏感信息的泄漏还可能对国家安全构成潜在威胁。敌对势力可能利用这些信息进行间谍活动、网络攻击或其他破坏行为，对国家安全和稳定造成不利影响。

（三）隐私泄漏对船舶及国家的潜在影响

隐私泄漏对船舶航行安全构成直接威胁。一旦船舶的位置和航行轨迹等敏感信息泄漏，攻击者可能利用这些信息进行针对性的攻击或干扰。他们可能制造虚假信号干扰船舶的导航系统，导致船舶迷失方向或发生碰撞事故。此外，隐私泄漏还可能使船舶成为海盗等非法势力的目标，增加船舶遭受攻击的风险。这些潜在的安全威胁将严重危及船舶和人员的生命安全。隐私泄漏对船舶的商业机密和知识产权构成严重威胁。船舶的运行数据中包含大量的商业敏感信息，如航线规划、货物信息等。一旦这些信息泄漏给竞争对手，他们就可能利用这些信息进行不正当竞争，窃取船舶的商业利益。同时，隐私泄漏还可能导致船舶的知识产权受到侵犯。攻击者可能窃取船舶的技术秘密或专利信息，进行非法复制或使用，损害船舶的创新能力和市场竞争力。隐私泄漏对国家安全构成潜在风险。轮机辅助设备的运行数据中可能涉及国家机密和安全利益。一旦这些信息被敌对势力获取，他们就可能利用这些信息进行间谍活动或网络攻击。攻击者可能通过分析敏感信息来推测国家的军事部署、战略意图等关键信息，对国家安全和稳定造成威胁。此外，隐私泄漏还可能导致国家基础设施受到攻击或破坏，进一步加剧国家安全风险。因此，加强轮机辅助设备运行数据的隐私保护对于维护国家安全具有重要意义。

三、数据安全与隐私保护在轮机辅助设备中的应用价值

（一）保障船舶安全运行的基石

在轮机辅助设备的运行管理中，数据安全与隐私保护发挥着至关重要的作用，堪称保障船舶安全运行的基石。轮机辅助设备作为船舶的核心组成部分，其运行数据直接关系船舶的性能和状态。如果这些数据遭受非法访问、篡改或泄漏，则可能导致船舶运行信息的失真，进而影响船舶的安全航行。因此，确保数据的安全与隐私是船舶安全运行的基础。数据安全与隐私保护不仅关乎技术层面的防范措施，也涉及管理流程和制度的完善。通过建立严格的数据访问权限管理、加密传输、备份恢复等机制，可以有效防止数据被非法获取和滥用。同时，加强人员的安全意识和培训，提高整个团队对数据安全的重视程度，也是保障船舶安全运行的关键。在船舶的实际运行中，数据安全与隐私保护的作用体现在多个方面。首先，它确保了船舶运行数据的真实性和完整性，为运维人员提供了准确的决策依据。其次，它有效防止了外部攻击和内部误操作对数据的破坏，保障了船舶系统的稳定运行。最后，它降低了数据泄漏的风险，保护了船舶的商业机密和国家安全。

（二）提高船舶运营效率和经济效益

数据安全与隐私保护在提高船舶运营效率和经济效益方面也发挥着重要作用。通过对轮机辅助设备运行数据的收集、分析和利用，可以实现对船舶运行状态的实时监测和预测性维护。这有助于运维人员及时发现并解决潜在问题，避免设备故障对船舶运营造成不利影响。数据安全与隐私保护还能够优化船舶的运行决策和维护计划。基于准确的数据分析，运维人员可以更加科学地制订船舶的航行计划、货物装载方案以及设备维护周期等。这不仅可以提高船舶的运输效率和装载能力，还可以降低维护成本和缩短停机时间，从而提高船舶的经济效益。数据安全与隐私保护还有助于船舶的商业运营。通过对敏感信息的保护，可以防止竞争对手获取船舶的商业机密，维护船舶的市场竞争地位。同时，它还能够增强船舶的信任度和品牌形象，吸引更多客户的合作和信任。

（三）强化船舶信息资产保护与国家安全防线

在轮机辅助设备的应用中，数据安全与隐私保护不仅关乎船舶自身的运营效率和安全，也涉及船舶信息资产的保护以及国家安全的整体防线。随着

信息技术的不断发展,船舶数据已经成为一种重要的信息资产,其中可能包含船舶设计、航行策略、货物运输等敏感信息。这些信息一旦被非法获取或滥用,不仅可能损害船舶的商业利益,还可能对国家安全和稳定构成威胁。强化数据安全与隐私保护,就是在强化船舶信息资产的保护。通过实施严格的数据访问控制、加密传输、数据备份等措施,可以有效防止敏感信息被泄漏或被非法利用。同时,这也有助于提高船舶的整体安全性能,增强船舶在面对外部威胁时的抵抗能力。在国家层面,数据安全与隐私保护更是国家安全防线的重要组成部分。轮机辅助设备的运行数据可能涉及国家机密和安全利益。加强这些数据的安全与隐私保护,对于维护国家的安全和稳定具有重要意义。通过建立健全的数据安全保护机制,可以有效防止敌对势力利用船舶数据进行间谍活动或网络攻击,从而维护国家的核心利益。

轮机辅助设备运行在数据传输与处理过程中的安全措施

随着轮机辅助设备在船舶运行中扮演着越来越重要的角色,其产生的运行数据也成了保障船舶高效、安全运行的关键要素。但在数据传输与处理的过程中,这些数据面临多种潜在的安全风险,如非法访问、数据篡改、泄漏等,这些风险不仅可能损害船舶的商业利益,还可能对船舶的安全航行构成严重威胁。如何在轮机辅助设备的数据传输与处理过程中实施有效的安全措施,成为当前亟待解决的问题。本节将深入探讨轮机辅助设备数据传输与处理中的安全措施,旨在为读者提供一套全面的安全解决方案。我们将从加密技术、访问控制与身份验证、防火墙与入侵检测系统等多个方面出发,详细分析这些安全措施的原理、应用及效果。我们还将探讨安全审计、日志管理、人员安全培训等方面在安全体系中的重要性,以构建一个多层次、全方位的安全防护体系。通过本节的学习,读者将能够深刻理解数据安全与隐私保护在轮机辅助设备数据传输与处理中的重要性,并掌握一系列实用的安全

轮机辅助设备运行数据收集及传输

措施和技术手段。我们期望这些安全措施能够为轮机辅助设备的数据安全提供坚实的保障，为船舶的安全、高效运行提供有力支持。

一、轮机辅助设备运行中的数据传输加密技术

（一）轮机辅助设备运行在数据传输加密技术的基本原理

1.加密转换过程

加密技术的核心在于将原始数据（明文）转换成一种难以被未经授权者理解的形式（密文）。这个过程通过应用特定的加密算法和密钥来完成。加密算法定义了数据转换的规则，而密钥则是实现这一转换过程的关键。密钥的复杂性和随机性直接决定了加密的强度。只有持有正确密钥的接收方，才能通过解密算法将密文还原为明文，从而读取原始数据。加密技术的这种转换过程，使原始数据在传输过程中即使被截获，攻击者也无法直接获取到有价值的信息，因为他们没有相应的密钥来解密数据。这种机制确保了数据传输的机密性，为轮机辅助设备的安全运行提供了重要保障。

2.保障数据机密性的核心机制

加密技术之所以能够保障数据机密性，其核心机制在于密钥的管理和使用。密钥是加密和解密过程中的关键要素，只有掌握了正确的密钥，才能对数据进行有效地加密和解密。因此，密钥的安全性和保密性对于整个加密系统的安全性至关重要。在轮机辅助设备的数据传输中，通常采用复杂的密钥管理策略来确保密钥的安全。例如，使用硬件安全模块（HSM）来存储和管理密钥，通过访问控制和身份验证机制来限制对密钥的访问。这些措施大大降低了密钥泄漏的风险，从而增强了数据传输的机密性。

3.常用的加密算法和协议

在轮机辅助设备的数据传输中，常用的加密算法和协议包括对称加密算法（如AES）、非对称加密算法（如RSA）以及混合加密协议（如TLS/SSL）。对称加密算法使用相同的密钥进行加密和解密，具有速度快、效率高的特点；非对称加密算法则使用一对密钥（公钥和私钥），公钥用于加密，私钥用于解密，安全性更高但速度相对较慢。混合加密协议结合了对称加密和非对称加密的优点，既保证了数据传输的速度，又提高了安全性。这些加密算法和协议在轮机辅助设备的数据传输中得到了广泛应用。它们通过不同

的加密方式和密钥管理策略，为数据传输提供了多层次的保护，确保了数据的机密性和完整性。

（二）轮机辅助设备运行在数据传输中的加密应用

1.敏感数据的加密传输

轮机辅助设备在运行过程中会产生大量的敏感数据，如船舶位置、航行轨迹、设备性能参数等。这些数据对于船舶的安全运行和商业利益至关重要，因此需要采用加密技术进行保护。在数据传输前，使用加密算法对这些敏感数据进行加密处理，将其转换为密文形式进行传输。接收方在接收到密文数据后，使用相应的密钥进行解密，还原出原始数据。这种加密传输的方式确保了数据在传输过程中的机密性，防止了数据泄漏的风险。为了实现敏感数据的加密传输，轮机辅助设备通常采用混合加密协议（如TLS/SSL）。该协议结合了对称加密和非对称加密的优点，通过握手过程协商出会话密钥，并使用该密钥对传输的数据进行对称加密。这种方式既保证了数据传输的速度，又提高了安全性。

2.验证数据的完整性和真实性

除了加密传输外，加密技术还可以用于验证数据的完整性和真实性。在数据传输过程中，发送方可以使用加密算法生成一个与数据内容相关的数字签名或消息认证码，并将其附加到数据上一起传输。接收方在接收到数据后，使用相同的算法和密钥对数字签名或消息认证码进行验证。如果验证结果一致，则说明数据在传输过程中没有被篡改或伪造；否则，则说明数据可能存在问题。这种验证机制确保了数据的完整性和真实性，防止了数据被恶意篡改或伪造的风险。在轮机辅助设备的数据传输中，数字签名和消息认证码通常使用非对称加密算法（如RSA）来生成和验证。发送方使用私钥生成数字签名或消息认证码，接收方使用公钥进行验证。这种方式既保证了验证过程的安全性，又提高了验证的效率和准确性。

3.加密技术在保障数据传输安全方面的效果

通过加密技术的应用，轮机辅助设备的数据传输安全得到了显著提升。加密技术不仅确保了数据的机密性，防止了数据泄漏的风险，还通过验证机制确保了数据的完整性和真实性，防止了数据被篡改或伪造的风险。这使得攻击者难以获取有价值的信息，也无法对数据进行恶意操作。因此，加密技

↳轮机辅助设备运行数据收集及传输

术在保障轮机辅助设备数据传输安全方面发挥着至关重要的作用。同时，随着加密技术的不断发展和完善，其在轮机辅助设备数据传输中的应用也将越来越广泛和深入。

二、轮机辅助设备运行在数据传输与处理过程中的访问控制与身份验证

（一）轮机辅助设备运行在数据传输与处理过程中的访问控制策略

1.制定合理的访问控制策略，限制数据访问权限

在轮机辅助设备的运行过程中，数据传输与处理的安全性至关重要。制定合理的访问控制策略是确保这一安全性的关键一环。访问控制策略的核心在于明确谁可以访问哪些数据，以及可以进行哪些操作。这种策略的制定需要综合考虑设备的功能需求、数据敏感性以及操作人员的角色和职责。策略的制定首先要对数据类型和用户进行分类。例如，敏感数据如设备运行状态、故障记录等，应只允许特定管理人员或技术人员访问。对于不同用户，根据其角色和职责，应设定不同的访问级别。普通操作员可能只能查看设备的基本运行状态，而高级工程师或管理员则可能有权限查看和修改更多关键参数。策略还应包括紧急情况下的访问规定，例如在设备故障或紧急停机时，哪些人员有权限进行紧急操作。合理的访问控制策略不仅能保护敏感数据不被泄漏，还能确保轮机辅助设备的正常运行和维护。

2.基于角色的访问控制（RBAC）等方法

基于角色的访问控制（RBAC）是一种有效的安全管理策略，特别适用于轮机辅助设备等复杂系统。在RBAC中，权限不是直接赋予用户，而是赋予角色。每个角色代表一组特定的权限和职责。用户则被分配到相应的角色，从而获得该角色所拥有的权限。在轮机辅助设备的上下文中，RBAC可以确保不同职责的人员只能访问其所需的数据和功能。例如，可以设定"操作员""技术员""管理员"等角色，每个角色对应不同的数据访问和修改权限。通过这种方式，RBAC能够在保证数据安全和操作效率之间找到平衡。实施RBAC需要详细地规划和配置。必须明确每个角色的职责和权限，以及用户与角色的对应关系。此外，还需要定期审查和更新这些设置，以适应组织结构和业务需求的变化。

（二）轮机辅助设备运行在数据传输与处理过程中的身份验证机制

1.阐述身份验证在保障数据传输安全中的作用

身份验证是保障轮机辅助设备在数据传输与处理过程中安全性的第一道防线。通过验证用户的身份，可以确保只有合法用户才能访问敏感数据和执行关键操作，从而防止未经授权的访问和数据泄漏。在轮机辅助设备的运行环境中，身份验证尤为重要。这些设备往往涉及关键的操作参数和敏感数据，任何非法访问或操作都可能对设备的正常运行造成严重影响。通过身份验证，系统可以识别并验证每个尝试访问的用户，确保其具有相应的权限和资格，从而保护数据的安全性和完整性。

2.介绍常用的身份验证技术和方法

（1）用户名和密码验证

用户名和密码验证是身份验证的基础方法，广泛应用于各类系统，包括轮机辅助设备的数据传输与处理系统。用户在使用系统前，必须输入正确的用户名和密码，以证明自己的身份。这种方法的优势在于其简单性和普遍性，用户容易理解和操作。为了增强安全性，用户需要定期更换密码，避免密码被长时间使用而增加被破解的风险。同时，选择强密码也是关键，弱密码如"123456"或"password"等容易被猜测或破解，因此应避免使用。建议密码包含大小写字母、数字和特殊字符，以增加其复杂性。为了防止密码被盗取，用户在输入密码时应确保环境安全，避免在公共场合或不安全的网络环境下操作。此外，系统也应提供密码找回和重置功能，以便用户在忘记密码时能够及时找回。用户名和密码验证虽然基础，但仍然是保护系统安全的第一道防线，用户和系统管理员都应给予足够的重视。

（2）双因素认证

双因素认证是一种更为安全的身份验证方法，它在用户名和密码的基础上，增加了第二种验证方式。这种方式可以是手机短信验证码、动态令牌等，可为用户提供更好的安全保护。在轮机辅助设备的数据传输与处理过程中，采用双因素认证可以大大降低非法访问的风险。即使攻击者获取了用户的用户名和密码，没有第二种验证方式，他们也无法成功登录系统。手机短信验证码是一种常见的双因素认证方式。当用户尝试登录时，系统会向用户注册的手机发送一个验证码，用户必须输入正确的验证码才能登录。这种方式简单易行,但需要注意的是,用户应确保手机号码的安全,避免被他人恶意利用。动态令牌是另一种双因素认证方式。它通常是一个小设备,可以生成一系列动态的数字或字母组合作为验证码。这种方式的安全性更高,因为动态令牌生成的验证码是不断变化的,且只有用户自己持有令牌,因此极难被破解。双因素认证通过增加额外的验证步骤,大大提高了身份验证的安全性,是保护轮机辅助设备数据传输与处理安全的重要手段。

(3)生物识别技术

生物识别技术是通过识别个体的生物特征来进行身份验证的一种方法。这种技术的优势在于其独特性和难以伪造性,因为每个人的生物特征都是独一无二的。在轮机辅助设备的数据传输与处理过程中,采用生物识别技术可以极大地提高系统的安全性。指纹识别是生物识别技术中的一种,它通过扫描和比对个体的指纹来进行身份验证。由于每个人的指纹都是独特的,因此这种方法具有很高的准确性。同时,指纹识别技术也比较成熟,已经广泛应用于各种场景,包括手机解锁、门禁系统等。面部识别是另一种常见的生物识别技术。它通过分析个体的面部特征来进行身份验证。随着技术的发展,面部识别的准确率已经非常高,甚至可以在佩戴口罩或眼镜的情况下进行识别。这种技术在轮机辅助设备的数据传输与处理过程中,也可以用于确保只有合法用户才能访问系统。还有虹膜识别、行为生物识别技术等其他的生物识别方法。这些方法都具有各自的特点和优势,可以根据具体的应用场景和需求进行选择。生物识别技术为身份验证提供了更高效、更安全的方法,是轮机辅助设备数据传输与处理过程中重要的安全保障手段。

(4)数字证书

数字证书是一种用于验证用户身份和保护数据传输安全的电子文件。它由可信任的证书颁发机构(CA)签发,包含用户的身份信息和公钥,以及证书颁发机构的数字签名。在轮机辅助设备的数据传输与处理过程中,数字证书可以确保数据的完整性和机密性,验证通信双方的身份。数字证书的工作原理是基于公钥基础设施(PKI)的。当用户需要发送加密数据时,他们会使用接收方的公钥进行加密。接收方收到加密数据后,会使用自己的私钥进行解密。而数字证书则用于验证公钥的真实性和有效性,确保数据在传输过程中没有被篡改或窃取。

在轮机辅助设备系统中使用数字证书,可以确保只有持有效证书的用户才能访问系统或进行数据传输。这大大提高了系统的安全性,防止了未经授权的访问和数据泄漏。数字证书还可以用于实现电子签名功能,确保数据的完整性和不可否认性。这在轮机辅助设备的运行和维护过程中非常重要,可以确保操作记录和数据报告的真实性和可靠性。数字证书是一种高效、安全的身份验证和数据保护手段,在轮机辅助设备的数据传输与处理过程中发挥着重要作用。

三、轮机辅助设备的数据传输与处理安全

(一) 防火墙的配置与应用

1.防火墙在数据传输中的重要作用

防火墙在轮机辅助设备的数据传输中起到了至关重要的作用。作为网络安全的第一道防线,防火墙能够有效地保护内部网络不受外部非法访问和潜在威胁的侵害。它能够监控和控制进出网络的数据流,确保只有合法的数据传输请求才能够通过网络边界。在轮机辅助设备的数据传输环境中,防火墙的作用尤为突出。这些设备通常涉及船舶运行的关键数据,包括航行状态、机械运行参数等,一旦泄漏或被恶意篡改,将对船舶的安全运行造成严重影响。因此,通过配置防火墙,可以识别和过滤掉恶意的网络流量,确保数据的完整性和机密性不受损害。防火墙还能够防止未经授权的访问和数据泄漏。它可以根据安全策略,限制对特定资源的访问,从而保护轮机辅助设备免受未授权用户的干扰和破坏。这种保护措施对于维护船舶的正常运行和保障船员的人身安全具有重要意义。

2.如何配置防火墙以有效应对安全威胁

配置防火墙以有效应对潜在的安全威胁是确保轮机辅助设备数据传输安全的关键步骤。需要对网络环境进行全面的风险评估,识别出可能存在的安全漏洞和潜在威胁。基于这些评估结果,可以制定出相应的安全策略,明确哪些网络流量是允许的,哪些是禁止的。在配置防火墙时,需要特别注意以下几点:一是要确保防火墙的规则设置合理且严格,只允许必要的网络流量通过;二是要定期更新防火墙的安全规则和过滤策略,以适应不断变化的网络环境;三是要加强防火墙的日志记录和监控功能,及时发现并处理异常网络活动。为了提升防火墙的防护能力,还可以考虑采用一些高级功能,如入侵检测与防御、病毒过滤等。这些功能可以进一步增强防火墙的安全性,有效应对各种网络攻击和威胁。通过合理配置和应用防火墙,可以大大降低轮

机辅助设备在数据传输过程中面临的安全风险，确保船舶的安全运行和船员的人身安全。

（二）入侵检测系统的部署与应用

1.入侵检测系统（IDS）实时监测和及时响应机制

入侵检测系统（IDS）在轮机辅助设备数据传输中发挥着实时监测和及时响应的重要作用。IDS通过持续不断地对网络流量进行深度分析，能够迅速发现任何异常或可疑活动，从而在第一时间内触发警报并作出响应。这种系统的核心在于其强大的实时监测能力。IDS能够捕获并分析网络中的数据包，通过与已知的攻击模式进行比对，准确识别出各种潜在的网络攻击。无论是外部的黑客入侵，还是内部的滥用行为，IDS都能提供全面的保护。一旦IDS检测到异常活动，它会立即启动响应机制。这包括触发警报，通知管理员及时介入处理，以及采取自动的防御措施，如阻断恶意连接、隔离被攻击的系统等。这种及时的响应能够显著降低攻击造成的损失，保障轮机辅助设备数据传输的安全。

2.轮机辅助设备数据传输中IDS部署的必要性

在轮机辅助设备的数据传输中，部署入侵检测系统具有至关重要的必要性。这些设备的数据传输涉及船舶运行的关键信息，其安全性和完整性对于船舶的正常运行至关重要。然而，网络攻击和威胁日益猖獗，使这些数据面临着巨大的风险。IDS的部署为轮机辅助设备的数据传输提供了一道坚实的安全屏障。通过实时监测和及时响应机制，IDS能够迅速发现并应对各种网络攻击，确保数据的机密性、完整性和可用性不受损害。此外，IDS还能提供详细的网络活动日志和审计报告，帮助管理员全面了解网络的安全状况，及时发现并解决潜在的安全问题。在轮机辅助设备的数据传输中部署入侵检测系统是确保网络安全、防范潜在威胁的不可或缺的措施。通过IDS的实时监测和及时响应，可以大大降低网络攻击对数据传输的影响，保障船舶的安全运行。

四、轮机辅助设备运行在数据传输与处理过程中的安全审计与日志管理

（一）轮机辅助设备运行在数据传输与处理过程中的安全审计的重要性

1.通过安全审计发现潜在安全问题的重要性

在轮机辅助设备的数据传输与处理过程中，安全审计扮演着举足轻重的角色。其核心价值在于能够主动发现并识别出系统中的潜在安全问题，从而在问题升级为实际的安全事件之前采取预防措施。这种前瞻性的安全策略对于确保轮机辅助设备的稳定运行十分重要。通过定期进行安全审计，可以全面评估系统的安全性，检查是否存在安全漏洞、不合规的配置、弱密码策略等问题。这些问题的存在往往会给恶意攻击者留下可乘之机，导致数据泄漏、系统被篡改或服务被拒绝等严重后果。因此，通过安全审计及时发现并解决这些潜在安全问题，是保障轮机辅助设备数据传输与处理安全的关键一环。

2.数据传输与处理过程中的安全审计的基本流程和方法

安全审计的基本流程通常包括四个关键步骤。首先是计划和准备阶段，审计团队需要明确审计的目标、范围和时间表，并收集相关的系统信息和文档。其次是初步评估，通过对系统的初步了解，确定可能存在的风险点和审计重点。再次是现场审计阶段，这一阶段需要对系统的各个方面进行深入的检查和测试，包括但不限于用户权限管理、网络安全配置、数据保护策略等。审计团队会使用各种工具和技术来模拟攻击场景，以检验系统的防御能力。审计结束后，团队会编写详细的审计报告，列出发现的所有安全问题及其严重程度，并提出具体的整改建议。最后是整改和验证阶段，被审计方需要根据报告中的建议进行整改，并由审计团队进行验证，确保所有问题都得到妥善解决。

（二）轮机辅助设备运行在数据传输与处理过程中的日志管理的实践

1.有效管理轮机辅助设备的数据传输日志

有效管理轮机辅助设备的数据传输日志是确保系统安全的重要环节。日

志记录了系统在运行过程中的所有活动和事件，包括数据的传输、用户的操作、系统的警告和错误等。通过仔细分析和监控这些日志，可以及时发现异常行为和安全事件。为了实现有效的日志管理，需要建立完善的日志收集、存储和分析机制。首先，要确保所有关键的系统和应用程序都启用了日志记录功能，并设置合适的日志级别以捕获必要的信息。其次，要建立一个集中的日志管理平台，用于收集、存储和查询日志数据。这个平台应该具备高性能、可扩展性和安全性等特点，以确保日志数据的完整性和可用性。

2.日志管理在事后追责和问题分析中的作用

日志管理在事后追责和问题分析中发挥着至关重要的作用。一旦发生安全事件或系统故障，日志数据将成为调查和分析的主要依据。通过检查日志记录，可以追踪到事件的来源、发生时间和具体操作，从而确定事件的性质和责任人。日志数据还可以用于分析系统的运行状况和性能瓶颈。通过对日志进行挖掘和分析，可以发现系统中存在的问题和隐患，为优化系统配置和提高运行效率提供有价值的参考信息。因此，日志管理不仅对于保障系统安全具有重要意义，也是提高系统整体性能和可靠性的关键手段。

3.日志的标准化与分类在日志管理实践中的作用

在轮机辅助设备的数据传输与处理过程中，日志的标准化与分类是日志管理实践的首要任务。标准化意味着为所有生成的日志设定一个统一的格式和规范，确保每一条日志都能提供清晰、准确的信息。这种标准化不仅使得日志更易于人类阅读和理解，也便于机器学习算法进行分析和预警。日志分类则是根据日志的内容、来源和重要性，将它们分成不同的类别。例如，操作日志可能记录了用户的正常活动，而错误日志则专注于系统或应用程序中出现的问题。安全日志则可能包含与潜在安全威胁有关的信息。通过这种分类，日志管理系统可以更有效地过滤、存储和检索信息，满足不同的需求。实施日志的标准化与分类需要跨部门的合作，包括IT、安全和运营团队。通过定义明确的日志标准，并培训相关人员遵循这些标准，可以确保日志的一致性和可靠性。这不仅有助于提高系统的可维护性，也为后续的数据分析提供了坚实的基础。

五、轮机辅助设备运行在数据传输与处理过程中的安全培训与意识提升

（一）人员安全培训

1.对运维人员进行安全培训的重要性

在轮机辅助设备的数据传输与处理过程中，对运维人员进行全面的安全培训至关重要。这些运维人员是系统稳定运行的守护者，他们的安全意识和操作技能直接关系整个系统的安全性。随着网络技术的快速发展，安全威胁也日益增多，运维人员需要具备足够的安全知识和技能来应对这些挑战。通过安全培训，运维人员可以更好地理解安全策略和标准，学会如何识别和防御潜在的安全威胁。他们还能掌握最新的安全技术，提升在紧急情况下的应对能力。此外，安全培训还有助于培养运维人员的责任意识和职业素养，使他们能够更加认真负责地执行安全任务。

2.安全培训的内容和方式

安全培训的内容应该涵盖多个方面，包括网络安全基础知识、系统安全配置、应急响应流程等。具体来说，可以介绍常见的网络攻击方式及防御手段，讲解如何配置安全策略、管理用户权限，以及如何处理安全事件等。此外，还可以结合实际案例进行分析和讨论，加深运维人员对安全问题的理解。在培训方式上，可以采用线上和线下相结合的方式。线上培训可以利用网络平台提供丰富的视频教程、在线测试和模拟演练等资源，方便运维人员随时随地进行学习。线下培训则可以通过专题讲座、实践操作和团队讨论等形式进行，以便更深入地探讨安全问题并分享经验。

（二）安全意识提高

1.定期的安全教育和宣传

定期的安全教育和宣传是提高全员安全意识的重要手段。在轮机辅助设备的运行中，人为因素往往成为安全漏洞的潜在源头，因此，通过持续的教育和宣传来强化员工对安全的认识至关重要。企业可以定期组织安全知识讲座，邀请行业专家或安全顾问来讲解当前的安全形势、常见的网络攻击手段以及防御策略。这样的讲座不仅能够让员工了解到最新的安全动态，还能提高他们对潜在威胁的警觉性。同时，制作并分发安全教育材料也是非常有效

的宣传方式。这些材料可以包括安全手册、操作指南以及应急处理流程等，它们以图文并茂的形式，直观地展示了如何在日常工作中做到安全防范。利用企业内部通信平台，如企业内网、电子邮件或即时通信工具，定期发布安全提示和警示案例，也是保持员工对安全持续关注的有效途径。通过这种方式，企业可以及时将最新的安全信息传递给每一位员工，提醒他们时刻保持警惕。

2.建立完善的安全管理制度和流程

建立完善的安全管理制度和流程是确保轮机辅助设备安全运行的基础。这些制度和流程不仅为员工提供了明确的安全操作指南，还能有效减少违规操作带来的风险。企业应该制定一套全面的安全管理制度，明确各级员工的安全职责和权限。这套制度应该涵盖设备操作、数据保护、应急响应等各个方面，为员工提供清晰的行为准则。同时，企业还需要制定详细的安全操作流程，指导员工如何正确、安全地完成各项工作。这些流程应该包括设备启动、数据传输、故障排查等各个环节的操作步骤和注意事项，确保员工在操作过程中不会因疏忽而引发安全问题。

通过建立和完善这些安全管理制度和流程，企业可以引导员工养成良好的安全习惯，从根本上降低人为因素带来的安全风险。

3.鼓励员工积极参与安全实践活动

鼓励员工积极参与安全实践活动是提高安全意识的有效途径。通过模拟演练、安全检查等实践活动，员工可以更加直观地了解安全操作的重要性，并在实际操作中提升安全防范能力和应急处理能力。企业可以定期组织模拟演练活动，模拟各种可能的安全事件场景，让员工在实战中学习和掌握应对方法。这样的演练不仅能够帮助员工熟悉应急处理流程，还能够提升他们在紧急情况下的冷静应对能力。企业可以开展定期的安全检查活动，对员工的日常操作进行监督和指导。通过检查，企业可以及时发现并纠正员工在操作中的不规范行为，从而确保整个系统的安全运行。这些安全实践活动的开展不仅能够巩固员工的安全知识，还能够在实际操作中提高他们的安全意识。通过这种方式，企业可以有效地降低人为因素带来的安全风险，确保轮机辅助设备的稳定运行。

六、安全措施效果评估与改进方向

目前，针对轮机辅助设备在数据传输与处理过程中的安全措施，已经取得了显著成效。通过采用先进的加密技术，我们确保了数据在传输过程中的安全性，大大降低了数据被窃取或篡改的风险。同时，我们实施的入侵检测系统和防火墙策略，有效地抵御了外部恶意攻击，保护了轮机辅助设备的数据安全。此外，定期对数据进行备份和恢复测试，也极大地提高了数据恢复的可靠性和速度。在这些措施共同作用下，不仅提高了数据传输与处理的效率，还显著增强了数据的完整性和保密性。在实际运行中，我们观察到这些安全措施有效地减少了数据泄漏和损坏的发生，轮机辅助设备的运行也因此更加稳定和高效。员工的安全意识得到了显著提高，操作更加规范，进一步降低了人为因素引起的安全问题。总体而言，当前实施的安全措施为轮机辅助设备的数据传输与处理提供了坚实的保障。

随着科技的不断发展，轮机辅助设备在数据传输与处理过程中可能会面临新的安全威胁和挑战。首先，黑客的攻击手段将变得更加复杂和隐蔽，可能会利用新的漏洞和病毒来破坏数据的安全性。其次，随着物联网和云计算技术的普及，轮机辅助设备的数据传输范围将更广，这也会增加数据被非法访问的风险。内部人员的误操作或恶意行为也可能成为新的安全隐患。最后，随着技术的快速发展，新的安全漏洞和威胁也将不断涌现，这要求我们必须时刻保持警惕，及时更新和完善安全措施。

面对未来可能的新的安全威胁和挑战，我们需要不断改进和创新安全措施。首先，加强技术研发，提高入侵检测和防御系统的智能化水平，以便更准确地识别和抵御各种新型攻击。其次，推动安全标准的制定和完善，确保轮机辅助设备的数据传输与处理符合国际安全规范。我们还需要加强对员工的培训和教育，提升他们的安全意识和应急处理能力。最后，建立健全的安全应急响应机制，确保在发生安全事件时能够迅速有效地进行应对和处置。通过这些措施的实施，我们可以更好地保护轮机辅助设备在数据传输与处理过程中的安全，为企业的稳定发展提供有力保障。

第9章

轮机辅助设备运行数据管理与优化策略

随着现代航海技术的不断进步，轮机辅助设备的运行数据已经成为船舶管理和优化的关键要素。这些数据包含设备运行状态的宝贵信息，对于提高船舶运营效率、预防故障以及制订科学的维护计划具有不可替代的作用。因此，建立一个高效、精准的数据管理系统，并基于这些数据制定优化策略，成为当下轮机辅助设备管理中的重要课题。本章将深入探讨轮机辅助设备运行数据的管理与优化策略。我们将详细阐述轮机辅助设备运行数据管理系统的设计与实施，包括数据的采集、存储、处理和分析等关键环节。通过这一系统，我们可以实时监控设备的运行状态，及时发现潜在问题，并为决策提供数据支持。本章还将探讨轮机辅助设备运行优化策略在数据应用中的角色与效果。我们将分析如何基于运行数据制定针对性的优化措施，以提高设备的运行效率和可靠性，降低故障率，从而延长设备的使用寿命。这些优化策略不仅涉及设备本身的调整和改进，还包括与之相关的操作流程、维护计划等方面的优化。通过本章的探讨，我们旨在强调数据管理在轮机辅助设备运行中的重要性，并展示如何通过科学的数据分析来指导优化策略的制定。同时，这将有助于船舶运营者更好地理解和掌控轮机辅助设备的运行状态，提高船舶的整体运营效率和安全性。

轮机辅助设备运行数据管理系统的设计与实施

在船舶运营过程中，轮机辅助设备的运行数据是保障船舶安全、高效运营不可或缺的信息资源。为了更好地管理和利用这些数据，轮机辅助设备运行数据管理系统的设计与实施显得尤为重要。一个完善的数据管理系统能够实时监控设备的运行状态，准确记录并分析各项数据，为船舶运营提供有力支持。本节将深入探讨轮机辅助设备运行数据管理系统的设计与实施要点。我们将详细介绍系统的架构设计、数据采集与存储方法、数据处理与分析技术等方面的内容。通过了解这些关键环节，读者将能够更全面地掌握数据管理系统的核心功能和实现方法，从而为船舶运营提供更加科学、高效的数据支持。同时，这也将为我们探讨如何基于这些数据制定优化策略奠定坚实的基础。

一、轮机辅助设备运行数据管理系统的系统架构设计

（一）数据管理系统的整体架构

轮机辅助设备运行数据管理系统的整体架构是一个高度集成、模块化的系统结构，它涵盖了从数据采集到数据存储、处理分析，再到数据展示与报告生成的完整流程。这个架构设计的核心目标是确保数据的准确性、实时性和高效性，提供灵活的数据分析能力和直观的数据展示界面。系统架构采用分层设计理念，包括数据感知层、数据存储层、数据处理层和数据应用层。数据感知层主要负责与轮机辅助设备对接，实时采集设备运行数据。数据存储层用于安全、高效地存储和管理这些数据。数据处理层则负责对数据进行清洗、转换和分析，提取有价值的信息。数据应用层则为用户提供直观的数据展示界面和定制化的报告生成功能。系统架构还考虑了可扩展性和可维护性。通过模块化设计，系统可以方便地添加新的功能模块或进行升级维护，以满足不断变化的用户需求和技术发展。

（二）轮机辅助设备运行数据管理系统的系统各个模块的功能和作用

1.数据采集模块

数据采集模块在轮机辅助设备运行数据管理系统中扮演着至关重要的角色。它是整个系统的"感官"，负责实时、准确、高效地收集轮机辅助设备的运行数据。这些数据包括但不限于设备的温度、压力、转速、功率等关键参数，是评估设备状态、预测故障、优化运行的重要依据。数据采集模块通过各种传感器和接口与轮机辅助设备连接，确保数据的实时传输和准确性。同时，该模块还具备数据预处理功能，对原始数据进行清洗、去噪和格式化，以提高数据质量，为后续的数据分析奠定坚实基础。数据采集模块还具备灵活性和可扩展性。随着技术的发展和设备的更新换代，该模块能够轻松适应新的数据采集需求，确保系统的持续性和前瞻性。

2.数据存储模块

数据存储模块是轮机辅助设备运行数据管理系统的数据中心。它负责安全、稳定地存储海量的设备运行数据，确保数据的完整性和可追溯性。该模块采用高性能的存储设备和先进的数据库管理系统，以应对不断增长的数据量和复杂的查询需求。同时，通过数据备份、容灾等机制，确保数据的安全性和可靠性，防止数据丢失或损坏。数据存储模块还支持高效的数据检索和查询功能，使用户能够快速定位并获取所需数据。这为后续的数据处理、分析和挖掘提供了强大的数据基础。

3.数据处理与分析模块

数据处理与分析模块是轮机辅助设备运行数据管理系统的"大脑"。它运用先进的算法和技术，对存储的海量数据进行深入的处理和分析，挖掘出隐藏在数据中的有价值信息。该模块能够对设备进行状态监测、故障诊断和性能评估。通过对比历史数据和实时数据，识别设备的异常行为和潜在问题，及时发出预警或报警信息，帮助运维人员快速定位并解决问题。数据处理与分析模块还支持数据挖掘和机器学习等技术，通过发现数据中的关联和趋势，为设备的优化运行和维护提供科学依据。

二、轮机辅助设备运行数据管理系统的数据采集与存储

（一）轮机辅助设备运行数据管理系统的数据采集的方法和技术

1.传感器数据采集

传感器数据采集是轮机辅助设备运行数据管理系统中至关重要的一环。传感器作为感知设备状态和环境参数的重要工具，能够实时、准确地捕捉轮机辅助设备的各项运行数据。在数据采集过程中，我们选择了高性能、高精度的传感器，以确保数据的准确性和可靠性。这些传感器被布置在轮机辅助设备的关键部位，如发动机、轴承、温度监测点等，以实时监测设备的运行状态。传感器将设备的温度、压力、振动等物理量转化为电信号，进而传输到数据采集器中。数据采集器对这些电信号进行预处理，包括放大、滤波和模数转换等步骤，最终将数据以数字形式存储和传输。传感器数据采集的优点在于其客观性和实时性。传感器能够不间断地监测设备状态，及时发现异常情况，为设备的预防性维护和故障诊断提供有力支持。同时，传感器数据采集还避免了人为因素导致的误差，提高了数据采集的准确性和效率。

2.手动输入数据采集

除了传感器数据采集外，手动输入数据采集也是轮机辅助设备运行数据管理系统中的重要组成部分。在某些情况下，传感器可能无法覆盖所有需要监测的数据点，或者由于设备条件限制无法安装传感器，此时就需要依赖手动输入数据采集来弥补这些不足。手动输入数据采集主要通过人工观测和记录设备运行状态和数据。为了确保数据的准确性和一致性，我们会为工作人员提供详细的培训和指导，确保他们能够正确、规范地进行数据采集。同时，我们会定期对数据进行审核和校验，以便及时发现并纠正可能存在的错误。手动输入数据采集虽然相对烦琐且易受人为因素影响，但在某些特定场景下仍具有不可替代的作用。例如，在设备巡检、维修保养等过程中，手动输入数据采集能够提供更为详细和全面的设备状态信息。

3.其他数据源集成

轮机辅助设备运行数据管理系统还需要考虑与其他数据源的集成。这些数据源可能包括企业现有的信息系统、设备制造商提供的数据接口以及其他第三方数据源等。通过与这些数据源的集成，我们可以获取更为丰富和全面

的设备运行数据，为设备管理和维护提供更加准确的决策支持。为了实现与其他数据源的集成，我们需要进行详细的数据接口设计和开发工作。这包括确定数据交换的格式和标准、建立稳定可靠的数据传输通道以及确保数据的安全性和完整性等。通过这些工作，我们可以将不同来源的数据进行有效地整合和利用，提高轮机辅助设备运行数据管理系统的整体效能和价值。

（二）轮机辅助设备运行数据管理系统的数据存储方案的选择与设计

1.数据库选型与配置

在轮机辅助设备运行数据管理系统中，数据库选型与配置是至关重要的一环。数据库作为系统存储和管理数据的核心组件，其性能和稳定性直接影响整个系统的运行效率和数据安全。在选型方面，我们综合考虑了多种因素，包括数据的类型、规模、访问频率以及系统的可扩展性和维护成本等。最终，我们选择了关系型数据库作为系统的主要数据存储方案，因为它能够提供稳定可靠的数据存储和高效的数据检索功能，支持复杂的数据分析和处理操作。在数据库配置方面，我们根据系统的实际需求进行了详细的规划和优化。首先，我们合理设计了数据库的结构和表关系，以确保数据的完整性和一致性。其次，我们针对数据的读写性能进行了优化，包括建立合适的索引、调整缓存策略以及优化查询语句等。此外，我们还考虑了数据库的安全性和备份恢复机制，以确保数据的安全可靠。

2.数据存储结构的规划

数据存储结构的规划是轮机辅助设备运行数据管理系统中的关键环节。一个合理的数据存储结构不仅能够提高数据的存储效率，还能简化数据的查询和分析过程。在规划数据存储结构时，我们首先对系统的数据需求进行了深入分析，明确了需要存储的数据类型、规模和访问频率等。随后，我们根据这些需求设计了相应的数据表结构，包括主键、外键、索引等关键元素，以确保数据的完整性和查询效率。我们还考虑了数据的可扩展性和灵活性。随着系统的运行和发展，数据量会不断增加，数据需求也会发生变化。因此，我们在数据存储结构中预留了一定的扩展空间，以便在未来能够轻松地添加新的数据字段或调整数据结构。

为了支持高效的数据分析和处理操作，我们还采用了分区存储、压缩存储等先进技术来优化数据的物理存储结构。这些技术能够显著提高数据的读写性能，降低存储成本，为轮机辅助设备运行数据管理系统的稳定运行提供有力保障。

三、轮机辅助设备运行数据管理系统的数据处理与分析

（一）轮机辅助设备运行数据管理系统的数据预处理流程

1.数据预处理方法

数据预处理是指对数据库中存在的有缺陷或不能直接用于数据挖掘的不完整数据进行处理的过程。当前针对单维数据预处理方法已经有了相应的方法和技术。一般情况下，数据预处理主要针对介质上存储的数据和互联网中的数据两种数据。下面主要介绍四种常用的数据预处理方法：数据清理是一种对原始数据采取填充、纠正和删除等操作达到清除掉冗余数据的一种方法。孤立点、重复数据和不完整数据是数据清理的主要对象，进行数据预处理的目的就是使数据挖掘的数据具有规范化，以此纠正并删除那些不规范的数据和那些异常、重复的数据。数据集市就是把不同数据库中的数据进行规范化和统一化等一系列的处理之后整合到一起。例如，可以用不同的数据形式表示同一个实体类；出版社编号在一个数据库中名称为publish Id，在另一张表中则描述为pub Num。数据转换就是把数据库中的原始数据统一转化成有利于进行数据挖掘的数据形式。数据概化是数据转换最常用的方法，例如，多个数据库中存在雪碧、可乐和橙汁属性字段，则我们可以用饮料字段对雪碧、可乐和橙汁进行概化处理，统一到同一个数据库当中，另一种数据转换方法是逻辑化，也就是在进行数据挖掘之前把数据库中的数据进行逻辑转换变成数据挖掘算法能够识别的逻辑数据。数据规约就是通过压缩数据以减少数据挖掘的冗余时间，但必须在不影响整个数据挖掘效果的前提下。例如，数据挖掘过程所需的数据是在一周内在线网络论坛中的注册用户信息，而在数据库中的数据是每天网络论坛注册用户信息，此时就可以对每天的注册用户进行一周汇总得到一周注册用户。

2.数据预处理应用案例及其面临的问题

（1）数据预处理方法在网络论坛主题中的应用

随着互联网的发展，网络论坛已经成为网上用户的相互交流发表意见的重要社区。因此，本书主要是收集近几个月某高校网络论坛的主题信息作为研究的数据来源。数据预处理阶段是对高校网络论坛主题信息关联规则进行

挖掘的一个关键环节，对网络论坛主题信息进行相应的预处理尤为重要，直接关系挖掘主题之间关联性。下面将根据所采集到的高校网络论坛主题信息的特征，有针对性地选择适当预处理方法。把每个主题信息分为主题诱发的原因和主题影响力结果两大因素，其中主题诱发的原因包含论坛主题发帖用户、发生的时间、ip地址、涉及人数、主题类型五个因素；主题影响力结果包含影响作用1个因素。提取出各个因素就可以归纳出主题诱发因素和主题信息导致的结果。因此，我们首先把论坛主题发生的用户、发生的时间、ip地址、涉及人数、主题类型和影响作用六个因素提取出来。

网络论坛主题数据清理提取出高校网络论坛主题诱发和影响力因素后，接下来我们将对高校网络论坛主题信息进行数据清理操作，数据清理高校网络论坛主题信息的具体步骤如下：清理空缺值。这里我们只对完整包含两大因素的主题信息进行研究，因此需要对主题因素不完整的信息数据进行清理。数据清理主要针对主题诱发因素和主题影响力结果。对于主题诱发因素，我们直接采用忽略元组法直接删除掉数据库中某个记录元组的属性值都为空或者缺少大量数值的数据，因为这些数据没有太大挖掘价值；对于论坛主题信息属性值空缺的数目较少的记录采用设置默认值把空值填补上去。例如，如果论坛主题信息属性表中涉及人数为空，则把这些空缺人数数值全部设置为0；对于主题影响力结果，我们可以观察主题诱发因素中的注册用户对该主题的回帖数来确定其主题影响力结果类型。例如，如果我们所采集的论坛主题信息没有过任何注册用户对其进行回帖，这说明该帖主题并无任何影响力在整个网络论坛当中。这样经过数据预处理以后，就可以减少下一步关联规则挖掘的冗余时间。统一化数值是针对那些数据库中不统一的数据，必须对其进行规范化处理以减少数据之间的差异。如果网络论坛的主题内容大致分别是应届生、公务员报名考试人数，高校毕业生就业问题，大学生应届生工资待遇，则我们对这三个主题进行规范化处理，全部用大学生就业来表示。也就是说，网络论坛主题存在同属一个事件类型且同一个属性对应的属性值含义相近或相同的事件记录，必须用同种形式来描述以减少给数据挖掘带来困难。论坛主题信息的集成与转换。下面就可以针对具体情况对经过数据清理以后的网络论坛主题进行数据集成与转换处理。具体过程如下：进行数据集成。利用数据库技术把采集到的多个数据库文件生成一个基本数据库。可以利用前面得到的主题影响力结果对网络论坛主题进行泛化处理。把无注册用户回帖的主题影响力级别设置为较差；把回帖用户数量低于整个论

轮机辅助设备运行数据收集及传输

坛注册用户10%的影响力级别设置为一般；如果回帖用户数量超过整个论坛注册用户10%到30%，就把影响力级别设置为较大；其他超过整个论坛注册用户30%的影响力级别设置为最大。进行数据转换。就是用统一的符号表示网络论坛主题及其包含的六大因素，构成具体的主题信息表以便作为关联规则挖掘的输入参数。例如，在学校论坛出现一主题"武大一学霸立志横扫学校图书馆一年看书900本"，发布时间是2014.4.26，有200多人回复该帖。提取该主题诱发原因和影响力结果，用户是学生，用Ca表示；其中时间是2014.4.26，用St来表示；地点是论坛ip为172.18.172，用Lip表示；涉及用户人数200多，用Nu表示；主题类型是教育，用St来表示；影响力结果是200多人注册用户回复本主题，用Sa表示。则论坛主题可以用Ca、St、Lip、St、Nu、Sa符号来表示。总之，网络论坛主题经过主题诱发和影响力因素提取，清理和集成等预处理之后，我们就可以把预处理结果作为挖掘网络论坛主题关联关系的初始化数据，可以提高整个主题影响力关联规则的挖掘效率。

（2）数据预处理面临问题

虽然当前的数据源预处理关键技术发展已经比较成熟，特别是针对非空间数据的预处理技术，但随着互联网和计算机技术的发展，人们要处理的数据是海量的，有可能是纯文本或声音和图像，也可能是来自三维或多维的组合数据。对不理想或不一致数据进行预处理是当前关注的主要问题，而且到目前为止，国内外并无通用的数据预处理软件；高维空间数据具有海量、类型和存储复杂等问题也将成为数据预处理面临的一大难题。

3.数据收集与整合

在轮机辅助设备运行数据管理系统中，数据收集与整合是首要步骤。为了确保数据的全面性和准确性，我们必须从轮机辅助设备上的各种传感器和监控系统中广泛收集原始数据。这些数据涵盖了温度、压力、转速等多个关键运行参数，对于后续的设备状态评估和故障预测至关重要。在收集过程中，我们借助专业的数据采集工具和技术，确保数据的实时性和完整性。数据的连续性也是我们关注的重点。同时，轮机设备在运行过程中，任何一个环节的数据缺失都可能影响整体的数据分析结果。因此，我们对收集到的数据进行初步的检查和标记，一旦发现数据缺失或异常，立即进行记录并采取相应的补救措施。这样做不仅保证了数据的连贯性，也为后续的数据清洗和预处理工作奠定了坚实的基础。

4. 数据清洗

数据清洗是轮机辅助设备运行数据预处理中的关键环节。在这一阶段，我们主要处理两个问题：缺失值和异常值。对于缺失值，我们根据轮机设备的运行特性和历史数据趋势，精心选择合适的填充方法。例如，对于某些具有时间序列特性的数据，我们会采用基于时间序列的预测值进行填充，以确保数据的连贯性和准确性。在异常值检测与处理方面，我们综合运用统计方法和业务领域知识。通过IQR法则、Z-score等统计手段，我们能够有效地识别出那些偏离正常范围的异常值。同时，结合轮机设备的实际运行情况和专家经验，我们对这些异常值进行细致的甄别和修正。这一过程不仅提高了数据的质量，也提高了数据分析结果的可靠性和准确性。

（二）轮机辅助设备运行数据管理系统的数据分析方法与技术

1. 统计分析

在轮机辅助设备运行数据管理系统中，统计分析是一种基础而重要的数据分析方法。它通过对收集到的大量数据进行整理、归纳和计算，以揭示数据背后的规律和特征。具体而言，我们可以利用描述性统计来对轮机设备的运行数据进行初步的探索，计算诸如均值、方差、中位数等统计量，从而了解数据的集中趋势和离散程度。这些统计量有助于我们快速把握设备的整体运行状态。推论性统计在轮机数据分析中也发挥着关键作用。通过假设检验、方差分析等统计方法，我们可以根据样本数据推断总体的特征，进一步验证轮机设备性能改进或维护措施的有效性。例如，对比不同时间段或不同工况下的设备运行数据，可以评估设备性能的变化趋势，为后续的维护决策提供数据支持。统计分析不仅帮助我们理解当前设备的运行状态，还能预测未来的发展趋势。通过时间序列分析等方法，我们可以根据历史数据预测轮机设备的未来性能，从而提前采取必要的维护措施，确保设备的稳定运行。

2. 机器学习算法应用

在轮机辅助设备运行数据管理系统中，机器学习算法的应用为数据分析带来了革命性的变革。这些算法能够自动地从海量数据中提取有用的信息，发现数据之间的潜在关系，并基于这些关系进行预测和决策。我们可以利用分类算法对轮机设备的运行状态进行自动识别。通过训练模型来区分正常和异常状态，从而实现对设备故障的及时发现和预警。此外，聚类算法可以帮助我们发现数据中的隐藏模式，比如将相似的运行数据分组，以便更深入地理解设备的运行特性。回归分析则可用于预测轮机设备的性能参数，如根据当前的运行数据预测未来的能耗或效率。这些预测结果对于制定节能措施和优化设备运行策略至关重要。通过机器学习算法的应用，我们能够更加精准地掌握轮机设备的运行状态，预测潜在问题，并优化设备的运行和维护计划。

3.故障预测与健康管理（PHM）技术

故障预测与健康管理（PHM）技术在轮机辅助设备运行数据管理系统中扮演着至关重要的角色。PHM技术融合了先进的传感器技术、数据分析和机器学习算法，旨在实现设备故障的预测、诊断和健康管理。通过安装在轮机设备上的传感器，我们可以实时监测设备的运行状态，并收集关键的性能参数。这些数据经过预处理和分析后，能够为我们提供设备健康状况的实时反馈。结合历史数据和机器学习模型，我们可以预测设备可能出现的故障，并提前采取相应的维护措施，从而避免意外的停机时间和生产损失。PHM技术还能够帮助我们制订个性化的维护计划。通过对设备运行数据的深入分析，我们可以了解设备的使用情况和磨损趋势，为每台设备量身定制维护策略，以延长其使用寿命并提高其运行效率。PHM技术不仅提高了轮机设备的可靠性和安全性，还为企业带来了显著的经济效益。通过减少意外的故障停机时间，降低维护成本，并提高设备的整体运行效率，PHM技术在轮机辅助设备运行数据管理系统中发挥着不可或缺的作用。

四、轮机辅助设备运行数据管理系统的数据展示与报告

（一）轮机辅助设备运行数据管理系统的数据可视化展示方案

1.实时监控界面设计

实时监控界面是轮机辅助设备运行数据管理系统的重要组成部分，它为用户提供了一个直观、高效的窗口来观察设备的实时运行状态。在设计实时监控界面时，我们注重界面的友好性和易用性，确保用户能够迅速获取关键信息并做出响应。界面布局清晰明了，以图表、曲线和数字等形式展示轮机设备的各项运行参数，如温度、压力、转速等。这些动态更新的数据帮助用户实时监控设备的运行状态，及时发现异常情况。同时，界面还提供预警和报警功能，一旦设备运行数据超出预设的安全范围，系统便会自动触发报

警，提醒用户采取相应措施。实时监控界面还支持多种交互操作，如缩放、拖动、筛选等，方便用户根据需要对数据进行详细查看和分析。通过这些设计，实时监控界面不仅提升了用户对设备状态的感知能力，还为设备的稳定运行提供了有力保障。

2.历史数据查询与对比

历史数据查询与对比功能在轮机辅助设备运行数据管理系统中具有重要地位。它允许用户回顾和分析设备在过去一段时间内的运行数据，从而揭示设备性能的变化趋势和潜在问题。用户可以通过简单的操作，查询特定时间段内的设备运行数据，并以图表或表格的形式进行展示。这种可视化呈现方式使得数据对比和分析变得更为直观和便捷。同时，系统还提供丰富的数据分析工具，如趋势线、移动平均线等，帮助用户深入挖掘数据背后的信息，为设备的优化和维护提供决策支持。通过历史数据查询与对比功能，用户可以更好地了解设备的运行历史和性能表现，及时发现并解决潜在问题，确保设备的长期稳定运行。

（二）轮机辅助设备运行数据管理系统的报告生成与导出功能

1.定制化报告模板设计

为满足不同用户的需求，轮机辅助设备运行数据管理系统提供定制化报告模板设计功能。用户可以根据自己的喜好和需求，选择报告的布局、样式和内容，创建出符合企业或个人风格的报告模板。系统内置多种报告组件，如图表、表格、文本等，用户可以通过简单的拖曳和配置，将这些组件组合成自己所需的报告模板。同时，系统还支持自定义数据源和计算公式，确保报告数据的准确性和灵活性。通过定制化报告模板设计，用户可以快速生成符合要求的报告，提高工作效率和报告质量。

2.报告自动生成与导出

轮机辅助设备运行数据管理系统具备报告自动生成与导出功能，极大地方便了用户的工作。根据预设的报告模板和数据源，系统可以定期或实时地自动生成设备运行状态报告、故障分析报告等，为用户提供及时、全面的设备运行信息。

系统支持多种报告导出格式，如PDF、Excel、Word等，满足用户在不同场景下的使用需求。用户只需单击导出按钮，即可将报告以所选格式保存到

↳轮机辅助设备运行数据收集及传输

本地或发送到指定邮箱，操作简便快捷。报告自动生成与导出功能的实现，不仅节省了用户手动编写和整理报告的时间成本，还确保了报告的规范性和一致性，提高了工作效率和报告质量。

五、轮机辅助设备运行数据管理系统的系统实施与测试

（一）轮机辅助设备运行数据管理系统的系统实施步骤与注意事项

1.硬件与软件环境准备

在系统实施的首要阶段，需精心准备所需的硬件与软件环境。这一阶段涉及的工作远不止简单的设备采购和软件安装，它要求实施团队对整个系统的技术架构有深入的理解，并能够根据实际需求进行合理的资源配置。在硬件方面，我们需要根据系统的数据处理量、用户并发数以及数据存储需求来选择适当的服务器和存储设备。例如，如果系统需要处理大量的实时数据，那么我们就需要配置高性能的处理器和大容量的内存来确保数据的快速处理。同时，为了保证数据的安全性和可靠性，我们还需要考虑采用RAID技术或其他数据存储解决方案来提供数据冗余和备份。在软件环境准备方面，我们不仅要安装和配置操作系统、数据库等基础软件，还要根据系统的特定需求来选择合适的中间件和开发工具。此外，为了确保系统的稳定性和安全性，我们还需要对所有的软件进行严格的版本控制和安全更新。硬件与软件环境的准备是系统实施的基础，它直接影响系统的性能、稳定性和安全性。因此，我们必须以严谨的态度和精细的操作来完成这一阶段的工作。

2.系统部署与配置

系统部署与配置是轮机辅助设备运行数据管理系统实施的关键环节。在进行系统部署时，我们需要确保所有的硬件设备都已正确连接并配置，所有的软件都已安装并调试完毕。此外，我们还需要根据系统的实际需求来进行细致的配置工作，包括网络设置、用户权限分配、数据存储策略制定等。在系统配置过程中，我们要特别注意数据的完整性和安全性。为了确保数据的准确无误，我们需要对数据进行严格的校验和测试。同时，为了防止数据泄漏或被篡改，我们还需要采取一系列的安全措施，如加密技术、访问控制等。系统部署与配置的成功与否直接关系系统的正常运行和使用效果。因

此，我们必须以高度的责任心和专业的技术素养来完成这一阶段的工作，确保系统能够按照设计要求顺利地投入使用。

（二）轮机辅助设备运行数据管理系统的系统测试与验证

1.功能测试

功能测试是轮机辅助设备运行数据管理系统测试的重要环节，其主要目的是验证系统是否按照设计要求实现了所有预期功能。在这一阶段，测试团队需依据需求文档和设计规范，制订详尽的测试计划和用例，确保每个功能模块都得到充分的测试。测试过程中，我们会模拟用户在实际操作中的各种场景，对系统的登录注册、数据采集、数据处理、数据展示等核心功能进行全面验证。通过输入各种预期和非预期的数据，观察系统的响应是否符合预期，以此检测系统的功能完整性和准确性。功能测试不仅是对系统开发成果的检验，更是对用户需求的深度理解和满足。只有经过严格的功能测试，我们才能确保系统在实际使用中能够为用户提供稳定、可靠的服务。

2.性能测试

性能测试在轮机辅助设备运行数据管理系统的测试阶段具有举足轻重的地位。其目的在于评估系统在不同负载条件下的性能表现，包括响应时间、吞吐量、资源利用率等关键指标。在性能测试中，我们会借助专业的性能测试工具，模拟多用户并发访问、大数据处理等实际场景，对系统进行压力测试。通过这种方式，我们可以直观地了解系统在不同压力下的表现，从而发现潜在的性能"瓶颈"和优化点。性能测试的结果不仅关乎系统的稳定性和可靠性，更直接影响用户的使用体验。因此，我们会根据测试结果对系统进行针对性的优化和调整，以确保系统能够在各种场景下为用户提供高效、流畅的服务。

3.安全测试

在轮机辅助设备运行数据管理系统的测试与验证过程中，安全测试是不可或缺的一环。其目的在于检测和评估系统的安全性，确保系统能够抵御各种潜在的安全威胁。在安全测试中，我们会对系统的身份验证机制、访问控制策略、数据加密措施等关键安全功能进行详细的测试。同时，我们还会模拟各种网络攻击场景，如SQL注入、跨站脚本攻击等，以检验系统的防御能力。通过安全测试，我们可以及时发现并修复系统中的安全漏洞，从而提高系统的整体安全性。这不仅能够保护用户的隐私和数据安全，还能为企业的正常运营提供坚实的保障。因此，安全测试在轮机辅助设备运行数据管理系统的测试与验证过程中具有重要的地位。

轮机辅助设备运行优化策略在数据应用中的角色与效果

在当今高度信息化的时代，数据已经成为推动工业发展、提高设备运行效率的关键因素。轮机辅助设备作为船舶、发电站等复杂系统中不可或缺的一部分，其运行效率直接关系整个系统的性能和经济效益。因此，轮机辅助设备运行优化的重要性不言而喻。随着大数据、云计算等技术的飞速发展，我们有了更多的机会和手段去深入挖掘轮机辅助设备运行数据中的价值。通过对海量数据的收集、分析和挖掘，我们可以更准确地了解设备的运行状态、识别潜在问题、预测维护需求，并据此制定针对性的优化策略。本节将深入探讨轮机辅助设备运行优化策略在数据应用中的角色与效果，揭示数据如何助力我们提高设备运行效率、降低维护成本，进而为企业的可持续发展注入新的动力。

一、轮机辅助设备运行优化策略在数据优化策略中的应用

（一）数据收集与整合

在轮机辅助设备运行优化中，数据的来源和类型至关重要。这些数据主要来自设备上的各类传感器，如温度传感器、压力传感器等，它们能够实时监控并记录设备的各项运行参数。此外，设备的运行日志也是重要的数据来源，其中详细记录了设备的运行状态、操作过程以及可能出现的异常情况。这些多元化的数据来源为优化策略的制定提供了丰富的信息基础。同时，原始数据往往包含大量的噪声和冗余信息，因此数据清洗与预处理显得尤为重

要。数据清洗主要是去除重复、错误或不一致的数据，确保数据的准确性和可靠性。而预处理则是对数据进行归一化、标准化等操作，以便于后续的数据分析和挖掘。通过这些步骤，我们可以得到更加干净、规整的数据集，为后续的优化工作奠定坚实基础。

（二）数据分析与挖掘

数据分析技术在轮机辅助设备运行优化中发挥着核心作用。通过对收集到的数据进行深入分析，我们可以识别出设备的运行模式，包括正常运行、异常运行等状态。这有助于我们全面了解设备的性能表现，发现可能存在的问题。数据挖掘则更进一步，它能够从海量数据中挖掘出潜在的问题与效率瓶颈。例如，通过对设备运行数据的聚类分析，我们可以发现某些特定参数组合下设备性能下降的规律；通过关联规则挖掘，我们可以找出影响设备运行效率的关键因素。这些挖掘结果为优化策略的制定提供了有力的数据支持。

（三）数据驱动的决策支持

基于数据分析与挖掘的结果，我们可以为轮机辅助设备的运行提供优化建议。这些建议可能包括调整设备的运行参数、改进设备的维护方式等。通过实施这些建议，我们可以有效提高设备的运行效率，降低能源消耗，延长设备的使用寿命。

数据还可以驱动预测性维护与故障预防策略的制定。通过对设备运行数据的实时监测和分析，我们可以预测设备可能出现的故障类型和时间，从而提前进行维护或更换部件，避免设备因故障而停机。这种预测性维护方式不仅可以降低设备的维修成本，还能确保设备的稳定运行，提高企业的生产效率。

二、轮机辅助设备运行优化策略在数据优化策略的实施与效果评估

（一）策略实施步骤

在实施轮机辅助设备运行优化策略时，首先需要制定一个详细的实施方案。这个方案应该明确优化的目标、具体步骤、时间表和预期效果，以确保整个实施过程有条不紊。方案的设计要综合考虑设备的实际情况、企业的运营需求以及可能遇到的风险和挑战。接下来是资源配置与团队协作。优化策

略的实施往往需要跨部门、跨专业的协作,因此需要组建一个高效的团队,并明确各个成员的职责和任务。同时,要确保所需的资源得到合理分配,包括技术支持、资金投入和人力配备等,以保障实施工作的顺利进行。在策略实施过程中,持续的监控与调整至关重要。通过实时监控设备的运行状态和数据变化,可以及时发现问题并进行相应的调整。这种动态的管理方式能够确保优化策略始终与设备的实际情况相匹配,从而达到最佳的优化效果。

(二)效果评估指标

评估轮机辅助设备运行优化策略的效果,主要可以从三个方面进行考量:首先是运行效率的提高情况。通过对比优化前后的设备运行数据,可以直观地看到设备的工作效率是否有所提高,这是评估优化策略是否有效的关键指标。其次是能源消耗降低情况。优化策略的一个重要目标就是降低设备的能耗,因此,通过监测设备的能耗数据,可以判断优化策略在节能方面的效果。最后是设备故障率的减少情况。一个有效的优化策略应该能够降低设备的故障率,延长设备的使用寿命。通过统计设备故障的频率和类型,可以评估优化策略在减少故障方面的成效。

(三)数据驱动优化策略实施及其效果评估的案例分析

船舶作为国家社会发展的重要交通工具,其安全高效的营运对于航运公司乃至整个船舶行业都具有至关重要的意义。轮机作为船舶的核心设备,其管理直接关系船舶的运行安全。然而,当前船舶轮机管理面临着维护水平低等问题,这不仅增加了船舶故障维修的成本,也对船舶的安全稳定运行构成了威胁。因此,研究现代新型船舶轮机管理新模式,探索科学有效的管理方法,成为航运公司迫切需要解决的问题。通过优化船舶轮机管理,可以及时发现并解决轮机运行中的问题,降低故障发生的频率,从而保障船舶的安全高效营运,促进船舶行业的健康发展。当前,关于新型船舶轮机管理新模式的研究相对较少,这限制了航运公司在轮机管理方面的创新实践。因此,深入探索新型轮机管理模式,结合实际情况对船舶轮机进行计划养护和日常维护,具有重要的现实意义和应用价值。本书将围绕现代新型船舶轮机管理新模式展开探讨,分析当前轮机管理的现状和存在的问题,提出针对性的优化策略,并通过案例分析评估其实施效果。希望通过本书的研究,能够为航运公司提供有益的参考和启示,推动船舶轮机管理的创新与发展。

1. 船舶轮机管理研究

（1）船舶轮机系统

船舶轮机是人机一体化系统，船舶轮机包括管理设备轮机人员与机舱环境，船舶轮机是人机环境构成的系统。船舶机械设备是船舶动力装置，是为满足作业人员生活安全所需设置的机械设备系统，具体内容有推进装置、辅助装置、船舶管路系统等。安全系统由人机环境组成，许多科技大量应用于船舶，船员是海上航行中保证船舶人员安全的主体。随着科技的发展，未来船舶能实现无人机舱，但管理船舶中机电设备人员不可或缺，可将管理轮机人员转移到岸上轮机环境，最终目的是高效的船舶营运。欧洲对重大事故的统计表明80%以上与人为因素有关，表明人为因素在水上交通安全系统中的重要性。人是船舶轮机系统中的主要部分。为确保船舶航行时配备充足船员，交通部颁发《船舶最低安全配员规则》。机舱自然环境恶劣增加执行船上任务难度，机舱创造良好的团队环境关系到轮机管理质量。同时，随着高科技防污染设备的应用，环境质量将逐渐提高。

（2）船舶轮机管理分析

船舶轮机是人机环境组成的系统，三者相互依赖配合存在于轮机系统中。机电设备通过可靠性设计制造，自然环境随着科技发展得到改善，团队建设需要提高船员素质。轮机系统发挥最佳效能依赖于轮机管理模式，船舶安全事故与轮机管理息息相关。1978STCW公约生效后，海上人员财产安全事故大多数与人为因素有关。国际海事组织将人为因素有关工作作为重点，加强对船舶轮机科学管理模式研究，减少人为因素引发安全事故意义重大。轮机是人机环境组成的复杂系统，需采取定性定量结合的系统管理方法。系统管理问题通常指企业管理中复杂问题，用综合分析思维方式从整体最优角度分析研究。现代远洋船舶为基于高科技的自动化船舶，船员很多工作被自动化系统替代，但自动化系统故障较多，统计显示自动化船舶机器无故障报警占38.3%。表明监视报警系统存在不能捕获故障盲区的问题，自动化系统难免发生故障。将人的因素纳入轮机系统中形成完善的轮机管理模式。轮机系统管理受复杂因素影响，船舶动力装置中各类机械设备繁多，要科学做好轮机管理工作，必须发挥轮机人员主动性。现代化船舶合格轮机人员要掌握广泛的动力装置有关基本理论知识，由于船舶设备自动化程度提高，船员职务改变为兼职，船员工作内容变为对船舶的操纵监视，因此，社会对船员素质提出更高的要求，未来船员要知识广博，具有较强抽象思维能力、良好职业心理素质、准确的信息决策能力等。同时，必须对人的行为建立有效制约机制，对活动过程开展控制改善安全工作。IMO制定《国际安全管理规则》为船舶安全管理提供国际标准，对船舶安全管理提出具体要求。ISM规则缺陷较少考虑人的因素，人们往往通过篡改数据达到目的。为保证船舶航行安全必须结合其他管理模式，要求建立严密的组织，轮机人员具备丰富的管理经验与广泛专业知识。

2.现代新型船舶轮机管理模式分析

（1）现代船舶轮机管理模式

现阶段远洋船舶执行ISM规则体系文件，ISM规则由国际海事局通过A.741（18）号决议附件，简称为《国际安全管理规则》，《国际海上人命安全公约》新增为IX规章。因为频繁发生海难事故造成巨大损失，所以要求制定严格的国际公约减少海难事故的发生。1994年联合国国际海事组织召开国际海上人命安全公约大会通过ISM规则。ISM规则适用范围为所有船舶，运营不同船舶公司客船实施期限不迟于1998年，500吨以上货船不迟于2002年。ISM规则是海上安全加强管理的国际标准，要求制定安全环保方针，指定公司与船员联系人员，维护养护船舶设备，定期进行内部审核与外部监督。ISM规则要求船舶营运公司建立经船旗国主管机关认可的SMS，针对认定风险制定防范措施，做到安全管理符合强制性规定，实现保证海上安全，避免对海洋环境造成危害。ISM规则目标是防止人员伤亡，规则采用国家质量管理原理，实现活动规范化，将安全与防污染活动置于严格控制下。国际海事组织过去注重在船舶技术方面制定规定，ISM规则重点是加强安全管理，减少因管理不当引起海难事故。ISM规则是国际海上人命安全公约第九章附件，实施ISM规则是我国的国际义务。ISM规则应用于船舶管理是国际海事组织采取的革命性行动，但实施中存在很多缺陷，以往SOLAS等系列国际公约强制性主要针对船舶设备作出，ISM Code要求负责船舶营运公司建立科学系统安全管理体系，主要对公司船舶安全提出要求。随着船舶向现代化发展，航运公司实施ISM Code的过程中出现一些问题，主要包括船舶公司与主管机关方面。船舶缺陷影响因素包括对SMS的理解、船员语言能力与综合素质等；公司中的缺陷包括监督管理学习方面。我国政府规定主管单位是负责对船舶公司实施ISM规则审核监督的权力机关，ISM执行取决于监督机制执行效用，主管机关缺陷主要包括审核监督方面。

（2）新型船舶轮机管理中的问题

随着社会经济的发展，我国作为船舶轮机大国对船舶需求量大。船舶轮机管理水平得到很大提高，造船厂建立了成熟的管理体制。但近几年各种船舶由于轮机管理模式僵化导致利用率降低，使得我国船舶轮机管理出现很多问题。若想让新型船舶轮机设备更加智能高效，则需要轮机管理人员具有专业性。现代船舶轮机管理中存在操作流程滞后、管理工作综合水平低等问题，主要原因是工作人员职业素养不足，船舶轮机管理模式落后等。船舶轮机管理中很多基层人员缺乏专业基础知识，大多数只经过简单安全培训就上岗，工作中缺乏创新意识能力，很多工作人员对轮机管理工作重视不足，不能及时发现处理安全隐患。这样一来，由于工作人员不专业造成损失的案例就层出不穷。2005年镇江市国亨化学码头发生轮船触损码头事故，事故原因在于船员在码头登船时引航员擅自离泊，调查发现由于操作人员操作不当引发事故。同时，船舶轮机主要包括管路系统、防污染操作装置等，各部分联系密切，需要专业管理维护，如推进装置管理中需要在轮机加入燃料，柴油化学性质具备危险性，系统以相同标准管理会出现安全问题，所以船舶轮机管理模式需要根据实际灵活改变。

3.船舶轮机管理人机系统模式构建

（1）将轮机作为系统管理

船舶轮机人机一体化管理模式核心是乔伊纳三角形，运用乔伊纳三角形可以强化对质量科学方法与团队关系的认识，轮机人员注重机电设备良好状态，使轮机部门取得良好成绩。实施中要求将轮机作为系统，做到以机舱为中心，进行全面质量管理。系统是多个相互依赖作用配合实现预定功能要素的有机集合体，管理机舱时应将其视为子系统组成大系统，要求使轮机系统最优化，确定机舱的目标。机舱管理要从子系统相互联系角度思考问题，最优化单个子系统会破坏整体效益，子系统必须通力合作。轮机全体成员共同努力才能发挥最大作用。为使轮机系统统一目标产生凝聚力，轮机人员可通过接近目标点提高系统效率。机舱作为系统是轮机第四代管理应用体现，要注意部分最优会降低整体效益，出现问题需探究深层原因。

（2）做到以机舱为中心

机舱管理要做到以机舱为中心，机舱决策管理需要分析船舶不同工况时期重要设备系统，确定消除对机舱无价值的行为，主要机电设备如何进行管理，开发对轮机人员有益的机舱信息。首先，轮机部门管理层要建立有效的机制，轮机管理者帮助成员明白系统效率取决于以机舱为中心。要明确轮机系统不同工况下的重点，获取轮机系统信息。其次，轮机管理者要明确系统组成，船舶在卸货期间重要的使用设备是起货设备，船舶不同状态下轮机系统机电设备重点不同。轮机人员分清机电设备重点才能发挥系统最佳效率。最后，轮机人员可根据获取信息提出解决问题方案，以数据为依据判断设备运行情况。同时，需要加强轮机人员与设备的直接接触，可通过多种途径间接获取有关信息。轮机管理者通过与轮机人员接触获得信息，探究深层问题。

（3）全面质量管理

全面质量管理是企业组织全体人员参加，综合运用科学方法研发产销用户满意的产品管理活动。为体现第四代乔伊纳三角管理核心，轮机管理中要求轮机全体人员参加，把质量管理工作重点转移到事前预防，把改进组织管理与应用数理统计结合，调动全体轮机人员关心质量管理的积极性。要求事先对机电设备运行影响因素控制，充分保证机舱的质量安全。全面质量管理体系要求各项工作有计划地执行，PDCA循环包括质量管理工作必需的阶段步骤，PDCA管理循环将管理工作划分为几个相对阶段，各阶段存在交叉。机舱管理要创造一体化环境，机工到轮机长思想行为统一，轮机人员是团队的分子，要关心机舱整体运作，消除不利于团体合作的行为。

4.现代船舶轮机管理新模式应用

（1）船舶轮机新管理模式实施要求

新型船舶轮机管理模式是融入创新管理方式，采用乔伊纳三角理念，对科学方法应用作出创新性突破。现代船舶轮机新管理模式应用需要明确工作重点核心，提高新型船舶轮机管理人员的综合素质，完善船舶轮机管理制度，应用信息技术建立管理系统。船舶轮机管理人员要认识轮机的重要性，分配好管理任务，保证各司其职，船舶轮机管理者要与时俱进，增强风险管理意识。针对船舶轮机制定不同管理机制，必须掌握轮机型号故障史，加强对工作人员管理，各项管理工作需要人员完成，因此提升工作人员能力是轮机管理重点。现代船舶轮机管理采用乔伊纳三角理念，必须将轮机管理工作系统整合，保证轮机管理工作效果。要充分认识到各管理工作人员协调才能做好轮机管理工作，明确新型船舶轮机管理的核心内容。以往轮机管理模式将管理工作分为小部分，导致管理工作不协调。新型船舶轮机管理要将各部分工作充分连接。管理层领导要具有较高的责任感，要定期举行工作经验交流会，介绍本职工作注意问题，定期对轮机管理基层人员进行技能培训，提高轮机管理人员的综合素质。同时，轮机管理层领导要学习国外先进理念，制定严格的奖惩制度。相关单位要鼓励员工创新，为公司创造经济效益，日常工作中发现设备装置老化情况及时维修。

（2）船舶轮机管理新模式重点

船舶轮机管理需要建立严格的责任分配制度，各部门沟通不畅会影响管理效果，因此需要引进信息技术进行沟通，制定轮机管理制度，增强管理人员责任意识。由于船舶轮机结构复杂，需要及时排查管理中的问题，机舱外部需要设立挡火阀，针对员工进行安全管理培训，针对辅机机械加强管理，方便管理人员检查管道状态。信息化时代船舶轮机管理要应用信息技术，需要聘请网络技术人员设计信息化管理程序，针对轮机管理人员进行信息化系统培训，信息化监测轮机运行状态，鼓励不同岗位工作人员对信息化管理方法进行讨论学习。船舶轮机维护工作需要重视防火隔离，优化轮机养护方案。工作人员要根据船舶轮机型号等制定养护方案，如将轮机运行参数录入智能系统，系统自动报警，减少工作人员任务量。针对船舶轮机维护考虑相关问题，制定设备故障预案等。企业要针对养护工作投入充足资金，招聘专业信息管理人才。目前船舶轮机机舱与活动区隔离主要是建立钢质门，合理布置燃油柜可以排除安全隐患。要严格按照相关规定布置燃油柜等，配电板需与燃油柜保持距离。日用燃油柜进油安装在顶端，燃油柜出油口需与柜底保持超过80mm距离。相关管理人员要掌握机舱设备升级方法，如处理轮机螺栓松动、管理系统缺陷等问题。

现代船舶轮机呈现出信息化发展趋势，轮机系统作业效率显著提高。由于子系统关系复杂，对机械零配件、环境保护管理等逐渐复杂化。如何科学管理船舶轮机系统成为需要解决的问题。研究现代新型船舶轮机新模式构建应用对船舶在海洋安全高效运行具有重要意义。船舶轮机管理对船舶行业发展至关重要，目前传统轮机管理模式不能适应船舶轮机现代化发展的要求。船舶轮机管理新模式构建需要凸显人的主导地位，强化人员在船舶轮机管理中的作用，提高管理人员的综合素质；针对船舶轮机工作重点，采用乔伊纳三角理论系统化进行科学管理，保证船舶轮机运行安全高效。

三、轮机辅助设备运行优化策略在数据应用中面临的挑战与应对策略

（一）数据质量与完整性问题

在轮机辅助设备运行优化策略的实施过程中，数据质量与完整性问题是一大挑战。由于数据来源多样，包括传感器数据、运行日志等，这些数据的准确性和完整性直接影响优化策略的有效性。不完整或错误的数据可能导致错误的决策，进而影响设备的正常运行。为了应对这一挑战，首先需要加强对数据收集与整合过程的监管，确保数据的来源可靠。其次，实施严格的数据清洗与预处理步骤，通过算法和技术手段识别并修正错误数据，填充缺失值。此外，建立数据质量评估机制，定期对数据进行质量检查，确保数据的准确性和完整性。

（二）技术与人才储备不足

轮机辅助设备运行优化策略的实施依赖于先进的技术和专业的人才。然而，当前许多航运公司在技术和人才储备方面存在不足，难以充分发挥数据驱动优化策略的优势。为了应对这一挑战，航运公司需要加大对技术创新的投入，引进先进的数据分析工具和算法，提高数据处理和分析能力。同时，加强人才培养和引进，建立一支具备数据分析、机器学习等领域专业知识的团队，为优化策略的实施提供有力支持。

（三）组织文化与流程变革的阻力

在引入数据驱动优化策略的过程中，组织文化与流程变革的阻力也是一个不可忽视的问题。传统的轮机管理方式往往依赖于经验和直觉，而数据驱动优化策略则需要更加科学、系统的管理方法。这种变革可能会受到来自组织内部的阻力。

为了应对这一挑战，航运公司需要加强内部沟通和宣传，让员工了解数据驱动优化策略的重要性和优势。同时，制订详细的变革计划，逐步推进组织文化和流程的变革。通过培训、激励等措施，鼓励员工积极适应新的管理方式，提高整个组织的适应性和创新能力。

四、优化策略在数据应用中的角色与效果发展趋势与潜力

数据在轮机辅助设备运行优化策略中扮演着至关重要的角色。通过收

第9章 轮机辅助设备运行数据管理与优化策略

集、分析和挖掘轮机运行数据，我们能够深入了解设备的运行状态、识别潜在问题并制定针对性的优化策略。数据的应用不仅提高了轮机管理的科学性和精准性，还有效降低了故障维修成本，保障了船舶的安全高效运行。

随着大数据、人工智能等技术的不断发展，数据驱动优化策略在轮机辅助设备运行管理中的应用将展现出更加广阔的发展前景。未来，我们可以期待更加智能化、自动化的数据分析工具的出现，它们将能够实时、准确地监测设备运行状态，预测潜在故障并提前制订维护计划。此外，跨领域的数据融合和分析也将为轮机管理带来更加全面的视角和深入的洞见。总之，数据驱动优化策略将继续推动轮机辅助设备运行管理的创新与发展，为航运行业的可持续发展贡献力量。

轮机辅助设备运行数据收集及传输的研究与实践，是船舶工业迈向智能化、信息化时代的关键一步。随着技术的不断进步和应用的不断深入，数据在轮机辅助设备管理中所扮演的角色越发重要。从数据的收集、传输到处理、分析，每一个环节都紧密相连，共同构建起一个高效、智能的船舶轮机辅助设备管理系统。

回顾本书内容，我们从轮机辅助设备的基础作用和功能出发，探讨了数据在辅助设备管理中的价值与意义。我们深入剖析了数据应用中的挑战，并提出了相应的应对策略。同时，我们介绍了数据采集技术的发展历程、传感器在轮机辅助设备中的应用案例，以及远程监测系统的设计与实施。这些内容为轮机辅助设备运行数据的实际应用提供了坚实的理论基础和技术支持。在轮机辅助设备运行实时数据处理与分析方面，我们概述了实时数据处理技术，并探讨了数据分析在轮机辅助设备运行中的作用。通过数据的挖掘和利用，我们能够更准确地把握设备的运行状态，及时发现潜在问题，从而制定针对性的优化策略。数据传输与通信技术是本书另一个重要部分。我们介绍了数据传输方式与通信协议，并分析了在海上环境中的数据传输挑战与解决方案。这些内容为确保数据的准确、高效传输提供了重要保障。在轮机辅助设备运行数据传输故障诊断与预测维护方面，我们探讨了基于数据的故障诊断方法，并介绍了预测性维护在轮机辅助设备中的应用。这些技术为设备的预防性维护和故障预防提供了有力支持，有助于降低故障率，提高设备的使用效率和延长设备的使用寿命。此外，我们也关注了轮机辅助设备运行数据传输安全与隐私保护问题。在数据传输与处理过程中，我们必须确保数据的安全性和隐私性，防止数据泄漏和滥用。为此，我们介绍了一系列安全措施

轮机辅助设备运行数据收集及传输

和隐私保护策略，为数据的安全传输提供了有力保障。展望未来，随着大数据、人工智能等技术的不断发展，轮机辅助设备运行数据的管理与优化将迎来更加广阔的发展空间。我们期待通过技术的不断创新和应用，推动船舶工业向更加智能、高效、绿色的方向发展。同时，我们也呼吁业界同人共同努力，加强合作与交流，共同推动轮机辅助设备运行数据收集及传输技术的不断进步和发展。

致谢

  在此，向所有参考文献的作者们致以最深的谢意。正是他们不懈地努力和卓越的研究成果，为本书提供了丰富的资料和深刻的启示。他们的智慧如同明灯，照亮我们前行的道路，他们的贡献是本书顺利推进的重要基石。同时，我们也深知在研究中难免存在疏漏和不足之处。对于这些问题，我们深表歉意，并诚恳地希望得到您的谅解。研究之路永无止境，在未来的研究中，我们将不断地反思、改进和完善。

参考文献

[1]鲁锋.浅谈设备故障分析方法[J].冶金自动化，2009，033（0z1）：298-301.

[2]马新国.现代企业设备管理百科全书[M].哈尔滨：哈尔滨地图出版社，2006.

[3]夏虹，刘永阔，谢春丽.设备故障诊断技术[M].哈尔滨：哈尔滨工业大学出版社，2010.

[4]徐志伟.浅谈设备故障分析在企业设备管理中的运用[J].中小企业管理与科技（下旬刊），2014（1）：69-70.

[5]柳晨光，初秀民，谢朔，等.船舶智能化研究现状与展望[J].船舶工程，2016，38（3）：77-83.

[6]中国船级社.智能船舶规范[S].北京：人民交通出版社，2015.

[7]张钊.船舶运行状态检测与节能航速优化系统的研究与设计[D].武汉：武汉理工大学，2012.

[8]林亮.基于大数据技术在船舶管理中的应用分析[J].船舶物资与市场，2019（8）：72-73.

[9]郭佳.大数据在船舶与海洋工程行业的应用基础和展望[J].内燃机与配件，2017（19）：87-89.

[10]严新平.智能船舶的研究现状与发展趋势[J].交通与港航，2016（1）：25-28.

[11]范静宏.基于大数据技术的船舶定位导航和航迹预测[J].舰船科学技术，2018，40（14）：31-33.

[12]龚婷.大数据技术在船舶能效管理中的应用[J].河北农机，2020（12）：93-94.

[13]江立军，王光荣，赵永生.船舶综合平台管理系统通信网络的可靠性技术[J].大连海事大学学报，2010（2）：47-50.

[14]贺丽阳，陈永剑，马晓峰，等.海上遇险搜救综合通信系统的设计与实现[J].电讯技术，2012，52（10）：1571-1576.

[15]余长春.轮机自动化的发展现状和特征探析[J].科技展望，2015，25（24）：159.

[16]侯馨光，张敏，刘赞，等.船舶自动化的技术需求与研发重点[J].上海造船，2009，78（2）：27-29.

[17]侯馨光.21世纪船舶自动化[J].机电设备，1999（3）：11-14.

[18]黄连忠，陈宝忠.船舶管理[M].大连：大连海事大学出版社，2008.

[19]郑凤阁.轮机自动化[M].大连：大连海事大学出版社，1998.

[20]毕跃文.4000DWT多用途船的轮机自动化[J].机电设备，2009，26（3）：1-4.

[21]孟宪尧.船舶安全综合控制系统的研究[J].世界海运，2003，16（1）：1-3.

[22]张旭，李迪阳，孙建波，等.船舶机舱监测报警系统[J].计算机工程与应用，2005（22）：229-232.

[23]郭祖平.新型船舶机舱监测报警和控制系统分析[J].机电设备，2008（5）：32-35.

[24]徐绍衡.方便船员自修复的船舶自动化系统——PCC通用可编程采集控制器平台[J].船舶工程，2008，30（2）：48-50，71.

[25]王征，黄楠，魏建华.船舶综合平台管理系统研究[J].船海工程，2009，38（1）：116-118.

[26]蒋志华.船舶信息集成实验平台的设计[J].工业控制计算机，2008，21（3）：52-53.

[27]VINKO T，JAKOV K，RADOVAN A.The trends inintegrated control and monitoring systems for ships[C]//Proceedings Elmar 2005-47th InternationalSymposium Electronics in Marine，2005：373-376.

[28]李帆，鲍曙光，吴明.PLC在船用电力推进控制系统中的应用[J].船电技术，2009（2）：47-50.

[29]张士铭.基于PLC控制的船舶自动化系统可靠性的讨论[J].青岛远洋船员学院学报,2007,28(2):16-20.

[30]张孝双,王诗龙,冯明志.船用主动力推进装置自动化系统现状及发展趋势[J].柴油机,2006,28(3):12-14.

[31]HUANG Xue-wu, CHEN Li-jun, ZHENG Hua-yao.Investigation of fieldbus control system inmarine engine room process control systems[C]//Source: Proceedings of the Sixth International Con-ference on Machine Learning and Cybernetics, ICM-LC 2007, 2007, 2: 688-693.

[32]施保华.计算机控制技术[M].武汉:华中科技大学出版社,2007.

[33]万曼影,杜家瑞,刘三山,等.现场总线研究及其在船舶自动化中的应用[J].交通与计算机,2002,20(1):37-40.

[34]孟松,徐慧朴.追踪船舶自动化发展趋势加强嵌入式系统教学[J].航海教育研究,2003(4):64-65.

[35]王宗涛,孙文广,张金良.轮机自动化的发展现状及特征[J].船海工程,2011,40(1):94-97.

[36]于洋,张艳华.温度传感器的设计与测试[J].科技资讯,2023,21(1):85-88.

[37]刘清倦,施泓伊,杨杰.探空温度传感器辐射误差修正与实验研究[J].现代电子技术,2022,45(10):15-20.

[38]付学志,张勇亮,范维.高压环境下温度传感器矫正系统研制及应用[J].分析仪器,2022(1):1-4.

[39]冉露,廖红波.光纤温度传感器实验的改进与分析[J].大学物理,2022,41(1):73-78.

[40]牟逸枫.柔性电阻式温度、角度传感器[D].湘潭:湘潭大学,2021.

[41]李博文.光纤微结构温度传感器增敏技术研究[D].西安:西安石油大学,2021.

[42]薛伟.新型温度传感器设计及加工关键技术研究[D].太原:中北大学,2021.

[43]李莉,刘威.振动传感器的原理及应用[J].电子元件与材料,2014,33(4):81-82.

[44]王晓,陈杰,李济顺,等.大型设备远程状态监测及信息采集技术研究[J].自动化仪表,2018,39(1):66-69.

[45]李红卫,杨东升,孙一兰,等.智能故障诊断技术研究综述与展望[J].计算机工程与设计,2013,34(2):632-637.

[46]孙小江,李键,朱勇,等.物联网技术在小水电站在线监测及故障诊断的应用[J].电工技术,2017(10):3.

[47]马宏.基于物联网的矿山环境感知器研究与设计[D].淮南:安徽理工大学,2014.

[48]周新美.基于物联网的智能医疗终端数据集成技术的研究[D].成都:西华大学,2013.

[49]孟千胜.物联网终端网络管理研究与实现[D].焦作:河南理工大学,2012.

[50]朱洪波,杨龙祥,于全.物联网的技术思想与应用策略研究[J].通信学报,2010,31(11):2-9.

[51]孔宪光,钟福磊,马洪波,等.工业大数据环境下的混合故障诊断模型研究[C]//2015年全国机械行业可靠性技术学术交流会暨第五届可靠性工程分会第二次全体委员大会论文集,2015:200-204.

[52]彭宇,刘大同,彭喜元.故障预测与健康管理技术综述[J].电子测量与仪器学报,2010(1):1-9.

[53]孙冬.基于混合模型的故障检测与诊断方法的研究与应用[D].南京:南京航空航天大学,2013.

[54]刘强,柴天佑,秦泗钊,等.基于数据和知识的工业过程监视及故障诊断综述[J].控制与决策,2010,25(6):801-807.

[55]刘达新.基于运行大数据学习的复杂装备故障诊断技术及其典型应用[J].中兴通讯技术,2017,23(4):56-59.

[56]李国杰,程学旗.大数据研究:未来科技及经济社会发展的重大战略领域——大数据的研究现状与科学思考[J].中国科学院院刊,2012,27(6):647-657.

[57]黄宜华.大数据机器学习系统研究进展[J].大数据,2015,1(1):28-47.

[58]高帆,王玉军,杨露霞.基于物联网和运行大数据的设备状态监测诊断[J].自动化表,2018,39(6):5-8.

[59]陈天健,付智宏,张华飞.通信工程中有线传输技术的应用及改进[J].通讯世界,2016(23):20-21.

[60]闫伟弟.通信工程中有线传输技术的应用及改进[J].通讯世界,2017(5):103-104.

[61]杨兵科,秦新生.通信工程中有线传输技术的改进研究[J].通讯世界,2017(8):59-60.

[62]胡兆海.有线传输技术工程对通信事业的影响[J].数字通信世界,2017(5):86-87.

[63]阎浩澜,王鹏.数据通信传输质量的重要性及优化策略研究[J].信息与电脑(理论版),2020,32(23):191-193.

[64]高鸣.无线电传输技术的应用分析[J].集成电路应用,2022,39(2):202-203.

[65]谭喜元.无线电传输技术发展应用探索和分析[J].中国新通信,2020,22(15):104.

[66]王小丹,祁鑫龙.无线电传输技术发展应用探索和分析[J].数字技术与应用,2019,37(10):60+62.

[67]薛虎.无线电传输技术发展应用探索[J].黑龙江科技信息,2015(28):110.

[68]崔凤利.无线电传输技术发展应用探索[J].数字技术与应用,2015(4):34.

[69]王伟.无线电传输技术发展应用探索和分析[J].电子元器件与信息技术,2023,7(4):142-144+149.

[70]唐炬,杨东,曾福平,等.基于分解组分分析的SF6设备绝缘故障诊断方法与技术的研究现状[J].电工技术学报,2016,31(20):41-54.

[71]詹玉龙,翟海龙,曾广芳.基于支持向量机的船舶柴油机故障诊断的研究[J].中国航海,2007(2):89-92.

[72]刘峻华,孟清正,杨涛,等.船舶动力装置可组态智能故障诊断系统设计[J].中国舰船研究,2011(2):77-80.

[73]李康,陈雪军,石湘,等.时频分析在船载天线和船舶动力系统故障诊断中的应用[J].遥测遥控,2011(4):33-40.

[74]姚兴杰.船舶动力设备故障诊断系统关键技术研究[J].设备管理与维修,2019(2):147-148.

[75]周济.智能制造——"中国制造2025"的主攻方向[J].中国机械工程,2015(17):2273-2284.

[76]黄忠山，田凌.智能装备故障预测与健康管理系统研究[J].图学学报，2018，39（5）：855-861.

[77]王肖景.智能制造的7大关键趋势[J].宁波经济（财经观点），2018（8）：56-57.

[78]宋华振.预测性维护技术[J].自动化博览，2013（12）：55-57.

[79]蔡道勇，杨相声，张伟.预测性运维技术在港口设备管理中的应用[J].港口科技，2018（12）：18-20.

[80]藏义明，杨明波.工业互联网条件下智能维修的预测性维护策略[J].设备管理与维修，2017（19）：62-63.

[81]高帆，杨露霞.基于早期故障特征提取的全生命周期监测诊断[J].自动化仪表，2018，39（6）：21-24.

[82]徐小力，乔文生，马汉元，等.机电设备运行状态健康监测系统研发及其工程应用[J].设备管理与维修，2017（5）：14-19.

[83]高帆，王玉军，杨露霞.基于物联网和运行大数据的设备状态监测诊断[J].自动化仪表，2018，39（6）：5-8.

[84]常宏，朱艳梅，徐小成，等.物联网技术在设备预测性维护中的应用[J].物流工程与管理，2018，40（9）：79-80.

[85]藏义明，杨明波.工业互联网条件下智能维修的预测性维护策略[J].设备管理与维修，2017（19）：62-63.

[86]祝旭.故障诊断及预测性维护在智能制造中的应用[J].自动化仪表，2019，40（7）：66-69.

[87]M.Shafto，M.Conroy，R.Doyle，et al.Modeling，Simulation，Information Technology&Processing Roadmap[R].Technology Area 11，2012.

[88]陶飞，刘蔚然，刘检华，等.数字孪生及其应用探索[J].计算机集成制造系统，2018，24（1）：1-18.

[89]TAO Fei，LIU Weiran，LIU Xiaojun，LIU Qiang etc.Digital twin and its potential application exploration[J].Computer Integrated Maufacturing Systems，2018，24（1）：1-18.

[90]苏新瑞，徐晓飞，卫诗嘉，等.数字孪生技术关键应用及方法研究[J].中国仪器仪表，2019（7）：47-53.

[91]Han，Micheline Kamber.Data Mining：Concepts and Techniques[M].USA：Morgan Kaufnann Publishers，2001.

[92]Jiawei Han，Micheline Kamber.数据挖掘概念与技术[M].机械工业出版社，2005.

[93]A Famili，et al.Evangelos Simoudis.Data Preprocessing and Intelligent Data Analysis[J].Intelligent Data Analysis，1997（1）：3-23.

[94]张春生，李艳，图雅.基于属性拓展的数据挖掘预处理技术研究[J].计算机技术与发展，2014（3）：79-81+85.

[95]解二虎.数据挖掘中数据预处理关键技术研究[J].科技通报，2013，29（12）：212-213.

[96]菅志刚，金旭.数据挖掘中数据预处理的研究与实现[J].计算机应用研究，2004（7）：117-118.

[97]罗锦坤.数据预处理关键技术应用研究[J].福建电脑，2014，30（3）：4-6.

[98]郭振军，雷琦，宋豫川，等.基于信息共享的船舶柴油机维修决策支持系统的研究[J].新型工业化，2013，3（8）：89-97.

[99]孟维明，杜太利，黄连忠.基于"雨课堂"的轮机工程专业海上轮机实习教学模式研究——以大连海事大学"育鲲"轮为例[J].中国多媒体与网络教学学报（上旬刊），2021（2）：154-156.

[100]邢辉，王宝军.基于工程教育认证的轮机工程专业课程体系构建[J].航海教育研究，2020，37（4）：1-8.

[101]葛子恒，王帅军，龚雅萍，等.基于虚拟仿真实验室轮机自动化课程教学设计[J].教育教学论坛，2020（45）：382-384.

[102]胡海峰，李晓，王连海，等.面向工程教育认证的轮机工程专业"CDIO+"培养模式[J].航海教育研究，2020，37（2）：19-23.

[103]莫琪.船舶轮机员培养模式的改革研究[J].船舶物资与市场，2020（3）：67-68.

[104]姜兴家，杜太利，黄连忠，等.轮机工程专业"课程思政+混合式学习"专业课教学设计——以"船舶动力装置技术管理"课程为例[J].航海教育研究，2020，37（1）：65-68.

[105]夏霖.高职轮机工程技术专业项目导向教学模式的实践探究[J].决策探索（中），2020（1）：48-49.

[106]孙鹏赟，蒋奇泽，王红强，等.现代新型船舶的轮机管理新模式的构建及应用[J].新型工业化，2022，12（3）：55-58.